U0857116

[芳草艺典]

DONGFANG FENGYU HAN AIPING ZHUAN

韩爱萍传

张好好/著

武汉出版社
WUHAN
PUBLISHING HOUSE

(鄂)新登字 08 号
图书在版编目(CIP)数据

东方凤羽:韩爱萍传 / 张好好著. — 武汉:武汉出版社,2019. 7
ISBN 978 - 7 - 5582 - 3030 - 1

Ⅰ. ①东…　Ⅱ. ①张…　Ⅲ. ①韩爱萍 - 传记　Ⅳ. ①K825. 47

中国版本图书馆 CIP 数据核字(2019)第 139798 号

著　　　者:张好好
总　顾　问:袁善腊
总　策　划:刘醒龙
支 持 单 位:芳草杂志社
责 任 编 辑:朱梦珍　李艳芬
封 面 设 计:刘　勍
出　　　版:武汉出版社
社　　　址:武汉市江岸区兴业路 136 号　　邮　　编:430014
电　　　话:(027)85606403　85600625
http://www.whcbs.com　　E-mail:zbs@whcbs.com
印　　　刷:武汉中科兴业印务有限公司　　经　　销:新华书店
开　　　本:710 mm×1000 mm　1/16
印　　　张:12.25　　字　　数:196 千字
版　　　次:2019 年 7 月第 1 版　　2019 年 7 月第 1 次印刷
定　　　价:42.00 元

1979年，全国运动会上，邓小平（左一）同志接见优秀运动员，右一韩爱萍

1983年，第6届全国人大会议上，李先念（左一）主席与湖北代表团座谈。右三韩爱萍

1986年，中国羽毛球队获得尤伯杯、汤姆斯杯冠军，习仲勋（二排左五）副总理接见队员并合影，一排右一韩爱萍

1979年6月，杭州，第2届世界羽毛球锦标赛女子单打领奖台，左二韩爱萍

1985年，韩爱萍（右一）、田秉毅（左一）回武汉硚口区大通巷小学看望陈福成（中）老师

1988年，韩爱萍（左一）与湖北省队教练舒金兰（右一）合影

1984年，韩爱萍（中）与国家队教练王文教（左一）、陈福寿（右一）合影

序言

《东方凤羽——韩爱萍传》即将付梓，有关方面请我作序。我很犹豫，又有些怯场。这好比要求我和韩爱萍同场竞技羽毛球，实力极不相配。为人称一代羽毛球皇后的韩爱萍立传，是我和朱德静商量提议，得到刘醒龙老师支持，因而为本书作序，也属责任所在。

捧起10万多字的书稿，我马上被吸引了，仅仅4个小时便酣畅淋漓地读完。张好好用女作家特有的真切、细腻文笔，将韩爱萍丰富多彩的人生印迹、朴实谦和的质地修养，还有在羽毛球竞技场上孤独求败的境界，表述得完美之极。

在大家印象里，韩爱萍是一位驰骋羽坛沙场、飒爽英姿的巾帼英雄，是13次世界冠军得主，韩爱萍的成绩和人格魅力创造出了“韩爱萍时代”“韩爱萍年”“羽坛皇后”等众多桂冠。但在这本书里，我们了解到一个更完整的韩爱萍。通过作家对韩爱萍的教练、队友、丈夫、女儿乃至学生的采访实录，读者更能感受到韩爱萍的高尚情操和美丽心灵。特别是韩爱萍患了绝症后仍然保持一种淡然、欢愉的心态，“她用恢宏的大气和坚忍的毅力，送给人世最好的礼物”，似这样对人物心灵深处的深情描述，加上细微的直觉感悟，给人留下深刻印象。书中提及20世纪70年代和韩爱萍一起并肩奋战的情深义重的好姐妹何翠玲的一瞬，“是回望运动员光辉岁月里真切的彼此”。而写丈夫郭鸣在医院护理韩爱萍的一幕尤为使人动情：“他的头发已全白，他坚毅的面庞，他和爱妻韩爱萍达成的对人生顺流逆流的淡然态度，都令我心里猛地一潸然。”

最让人难以忘怀的是写“武汉的女儿”这一章节，2018年10月26日晚，韩爱萍邀请本书作者张好好到武汉杂技厅参加武汉国际杂技艺术节开幕式，夏菊花、韩爱萍这两位叱咤风云于国际舞台的武汉的女儿，以这样一种方式不期而遇。“那天夜晚的武汉杂技厅里，我和韩老师坐在观众席。正对着我们的领导席上，坐着81岁的夏菊花。她们一位是中华人民共和国成立初期诞生的世界杂技皇后，一位是改革开放伊始诞生的世界羽毛球皇后；一位白发苍苍，一位低调朴素，隐人众人。”“我们在散场的人流中走出剧场，韩爱萍带着我来到长廊展示墙，对我说，你来看看吧，夏菊花老师的经历。”“我这一生都会记住这个画面，韩爱萍慢慢地在长廊走，细细地阅读，她仰起的面庞，专注……默然无声，我却能听见，命运的私语。”这段文字给我们留下了深刻精到的对生命、命运的思索。贺绍俊先生曾经评价张好好，“是一个感性的作家，感性的作家走的是性情，理性的作家走的是思想”。我也感同身受。张好好确实在用她那特殊的感觉，为韩爱萍这位让武汉大放异彩的女儿，留下云淡风轻一般旷世明亮的倩影。这样的美丽是在任何主席台上也找不见的。

韩爱萍对生于斯、长于斯的武汉充满了感情。“2002年年底，韩爱萍、郭鸣夫妇经历了12年异国生活，变卖澳大利亚墨尔本的房产，举家搬回武汉，她说出了她的理想：我要为祖国培养出羽毛球奥运会冠军、世锦赛冠军！”就这样，韩爱萍、郭鸣夫妇毅然放弃海外优裕的生活，踏上回国的征途，为武汉家乡默默无闻地奉献自己的才干。在韩爱萍任湖北羽毛球队教练组组长期间，湖北羽毛球队在国际重大比赛中共获得8个冠军、5个亚军。由韩爱萍、郭鸣夫妇创办的韩爱萍羽毛球俱乐部，2007年开始组建硚口区青少年羽毛球队参赛至今，获得3次武汉市运动会青少年羽毛球比赛团体冠军、8次武汉市青少年羽毛球锦标赛团体冠军，为湖北省和武汉市专业羽毛球队输送了男女学生运动员17人。韩爱萍从17岁那年获得首个单打世界冠军和首个团体冠军起，就为武汉这座城市带来至高无上的荣誉。

此时此刻，中国羽毛球队的年轻一代正在南宁为夺回代表羽坛高峰的“苏迪曼杯”而拼搏，那些纵横在球场上的看上去是年轻一代，所体现的是从韩爱萍等前辈那里承续下来的强大血脉。武汉人民不会忘记为中国屹立世界之巅做出杰出贡献的人！武汉这座城市会永远记住这位英雄女儿！

2019年5月22日，袁善腊写于解放公园

目 录

1 中羽伊始

韩爱萍和郭鸣伉俪，我在2018年10月12日和他们见面。

这一年，深秋里的武汉城处处在紧锣密鼓地修葺老建筑，是为迎接2019年10月在武汉举办的第7届世界军人运动会。我们见面的地方在老汉口解放公园路，中华人民共和国成立初期栽种的巨大梧桐树，70年岁月，枝繁叶茂——运动，人民，国家，这三个词语会令人悠悠回到祖国初建时。

中华人民共和国成立初期我国以体育运动进行有效、并被大众耳熟能详的经典外交方式是中美乒乓外交——体育事业的兴盛与否可以反映出一个国家和民族是否充满活力并强大；体育外交则涵容在国家外交范畴中——1971年4月10日，美国乒乓球代表团和一小批美国新闻记者抵达北京，成为自1949年以来第一批获准进入中国境内的美国人。此举对中美关系的突破产生了影响，被誉为“小球推动大球”。1971年10月25日，中国恢复在联合国的合法席位。1972年，尼克松总统访华，从而结束了中美外交不正常局面。

然而早在20世纪50年代中期，中国羽毛球在国际舞台上已绽放风采。据史料记载：

1956年，中国迎来了第一支来访的国家队——印度尼西亚国家队。

1957年，由1954年从印度尼西亚回到中国的王文教、陈福寿、黄世明和1955年回国的施宁安四员大将为主组成的中国羽毛球队（也被称为归侨队，因为队员基本都是华侨），首次到印度尼西亚访问比赛，在印度尼西亚华侨中引起极大的震动。

1957年，中国羽毛球队第一次参加较大型的国际比赛——在莫斯科举行的第7届世界青年联欢节，陈福寿、王文教获得男子单打冠、亚军，王文教、陈福寿获男双冠军，陈福寿还与苏联女运动员合作获得混合双打冠军，中国队一举夺得3枚金牌、2枚银牌的优异成绩，载誉而归。

1960年，汤仙虎、侯加昌、方凯祥、陈玉娘等一批印度尼西亚青年羽毛球优秀选手，相继回国。他们带回了国外先进技术和打法。这个时期，福建队和广东队为我国羽坛的两大霸主。

1963年，汤仙虎、陈玉娘等中国羽毛球运动员坐了7天船抵达印度尼西亚参加新兴力量运动会，我国参赛运动员是汤仙虎、侯加昌、林建成、吴俊盛、张铸成、梁小牧、陈玉娘、陈家琰、陈丽娟、林小玉等，获得女团、男单两项冠军。

1965年，中国、丹麦国际羽毛球邀请赛在哥本哈根举行，中国全胜。

1966年，丹麦羽毛球队访华，中国全胜。

1971年，汤仙虎、侯加昌出访加拿大，打破了相对封闭的国际社交的局面。

1972年，周恩来总理指示国家体委成立羽毛球国家队。王文教任总教练，陈福寿任副总教练，运动员有汤仙虎、侯加昌、方凯祥、陈添祥、庚跃东、陈新辉、吴俊盛、陈玉娘、梁小牧、刘小征、许惠玲等，共14名教练、运动员。中国羽毛球队出访了斯里兰卡、尼泊尔等国家，并接待了来访的加拿大、缅甸、朝鲜、马来西亚羽毛球队。

1973年，中国羽毛球队受邀参加了两次规模较大的国际邀请赛。

1974年，中国羽协正式成为亚洲羽联的会员，同年在伊朗举行的第7届亚运会，中国羽毛球队表现出色，获得5金、3银、2铜，成为真正的亚洲冠军。

1976年10月，在印度的海得拉巴举行第4届亚洲羽毛球锦标赛，侯加昌获男单冠军，中国女队梁秋霞、刘霞和李芳囊括女单前三名。刘霞与张爱玲获女双冠军。方凯祥与何翠玲获混双冠军。陈天龙、李汀英获少年男、女单打冠军。14岁的韩爱萍与李汀英搭档，获少年女子双打冠军。

加入亚洲羽联后，中国就开始着手重返国际羽联。当时的国际羽联错误地接受台湾羽毛球组织作为一个国家组织，拒绝修改国际羽联章程中的不合

▲1979年，韩爱萍获得首个个人单打世界冠军

理条款，使中国羽毛球队不能参加国际举办的重大羽毛球比赛，但是，亚洲和欧洲的世界冠军都曾败在中国羽毛球运动员的拍下。在此情况下，欧洲报纸舆论评论中国羽毛球队是世界羽坛的“无冕之王”。

1977年，在中国等国家的倡导下，亚洲羽联在伦敦召开会议，决定成立新的羽毛球世界组织——世界羽毛球联合会，中国等20多个国家和地区的羽毛球协会加入，霍英东担任该组织的名誉主席。

1978年11月，世界羽联在曼谷举行了第1届世界羽毛球锦标赛。中国羽毛球协会主席朱仄为团长，副主席王文教为副团长，代表团包括四名男队员侯加昌、庾耀东、栾劲和韩健，四名女队员邱玉芳、李芳、郑惠明和张爱玲，他们此行的目的不仅是比赛，更是“友谊第一”。最终，中国第一批羽毛球世界冠军在这个比赛中诞生——中国队获得男子单打（庾耀东）、女子单打（张爱玲）、男子双打（侯加昌、庾耀东）、女子双打（张爱玲、李芳）4枚金牌。而东道主泰国队夺得混双冠军，和女单、混双、男双三项亚军。

12月，中国队参加在曼谷举行的第8届亚运会羽毛球比赛，获得女子团体、女子单打（刘霞）、混合双打（汤仙虎、张爱玲）3枚金牌。

1979年6月，世界羽联主办的第1届世界杯赛暨第2届世界羽毛球锦标赛在中国杭州举行。中国队在世界杯赛中获得男团、女团冠军；在世界羽毛球锦标赛中获得男子单打（韩健）、女子单打（韩爱萍）、男子双打（孙志安、姚喜明）3枚金牌。

刘霞、张爱玲、李玲蔚、韩爱萍、韩健、栾劲、庾耀东、李永波、田秉毅、林瑛、吴迪西、关渭贞、农群华等一批世界羽坛顶尖高手，在20世纪70年代末进一步奠定了中国羽毛球技术水平处于世界羽坛领先地位的基础；中国的羽毛球和乒乓球自20世纪70年代至今处于世界领先地位，强势无可撼动。

陕西师范大学曹犇的论文《我国优秀羽毛球人才流动特征分析》：20世纪 60 年代初期，第二批印度尼西亚华侨汤仙虎、侯加昌、陈玉娘等相继回国。在中国羽协的重视培养下，在以第一批归国华侨为主的教练们的精心指导下，这些羽毛球优秀选手迅速成为我国羽坛的中坚力量，他们以快速、

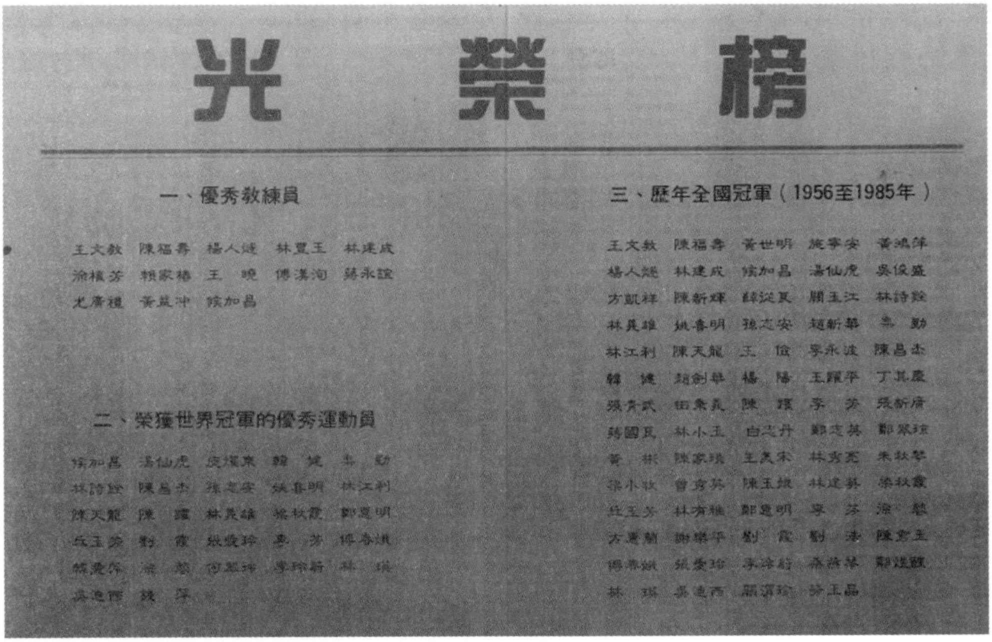

▲韩爱萍荣登光荣榜

灵活、准确的技术特点而闻名于世界羽坛，一批新秀脱颖而出，成为完全由中华人民共和国自己培养出来的世界冠军。中国羽毛球运动的发展得益于海外华侨向国内的流动，在他们言传身教下所培养出来的队员已经成为推动世界羽毛球发展的关键人物。

1978年，中国羽毛球在世界舞台冲刺高峰的年份，16岁的武汉姑娘韩爱萍被选拔进入国家队；1979年，17岁的她参加世界羽联在中国杭州主办的第1届世界杯赛暨第2届世界羽毛球锦标赛，获得团体冠军和首个女子单打世界冠军——

消息从杭州传到武汉，硚口，武汉汽轮发电机厂的职工宿舍大院响起鞭炮声。那时候并没有人知道，韩家的冠军庆祝鞭炮并不是偶然响起，而会在未来10年里常常响起。非年非节，鞭炮一响，大院里的人就知道，韩爱萍又获冠军了。

2 初识韩爱萍

眼前的韩爱萍，我们称呼她为老师。因为她后来做过教练，做过武汉大学客座教授——

2005年，“中国羽毛球协会武汉培训中心”在武汉大学揭牌。武汉大学在羽毛球方面有深厚的群众基础，成功举办了全国羽毛球初级教练培训班，成为中国羽协的合作伙伴，这也是中国羽协首次与高校合作。

为此，韩爱萍受聘于武大做客座教授，来自全国各地一百多名高校教师，接受她的传授指导。

这些学员大多是全国各高校羽毛球队教练和羽毛球课程教师。韩爱萍主讲的是羽毛球基本战术训练方法，一整天能讲7个小时，其中不时做出示范动作，比如如何控制自己的身体，如何选择高球的击球点，如何在防守中解决步伐快速移动的问题，等等。在讲课中，韩爱萍爱抠细节，并总是手把手地指点每一个动作。

她说，这些学员都是在高校从事羽毛球教学工作的老师，不缺理论基础，少的是实践，我教他们不仅是要会打，而且学会发现错误并纠正错误的能力，这样才能真正带动这项运动的开展。现在羽毛球运动在各地开展得非常普及，越来越缺乏专业的教练，而大多数基层教练员是从其他项目中半路出家，或者是自学成才的爱好者，这就需要有更多专业人士来推动。

有一位武汉市羽毛球爱好者在21世纪初期亲见了退役多年，依然挥拍传授羽毛球技法的韩爱萍，他在个人博客里这样写下：她那招牌式的劈杀，让现场的球迷再次见到了那个30年前叱咤世界羽坛的女王，一位坐在裁判椅上的小球迷不由得惊叹道，怎么打得这么响啊！

高水平的羽毛球运动员，使用爆发力击球，可以使羽毛球的飞行速度达到200千米/时到400千米/时。一场比赛一个多小时，上千次的击球和近3000米的场内奔跑，没有良好的上肢爆发力、下肢的起动蹬力，和体能的耐力、精神的毅力，是不可能胜任的。

韩爱萍当然更是一位热情真诚、心思稳重、理性耐心的人，不具备这些发乎自然本心的素质，无法打动并影响他者，从而令人由衷信赖。

她的身上，完好地保留着20世纪七八十年代的中国普遍存在着的辛勤建设祖国的人民的气息。那是勤奋，敦厚，乐观，淡远，向上，智慧，是孔孟是老庄，是佛是禅，是出是入，最终归于一，抱朴守静。这样的美德我们在今日回望的时候，是要不

韩爱萍

我国羽坛名将。这是前不久，她获第一届“航空杯”羽毛球精英赛女单冠军时的救球英姿。

洪南丽摄

体育报

每周一星

▲1984年12月，《体育报》报导韩爱萍获奖事迹

▲2019年，袁善腊先生

吝赞美和感慨的。

韩爱萍生于1962年，现年的她57岁，身量不显得太高，她年轻时候是1.70米。她是长圆脸，温蔼，亲切到令人心里不知为什么会难过一下，大约是因为她身上的光环和她性格的朴实——鲜明地共存。

她的不长的头发，略黄的皮肤，敦厚的五官，她的有力的手，她全身上下无一件饰物，她穿着一件普通的针织套头花衫搭配黑裤子。她面对我说话的时候，因为她气质里的清爽、温厚，你便知道她当然是最有见识最国际范的人。国际的意思不是骄奢，恰恰是谦敬。

你后悔过没有？在座的武汉市前常务副市长袁善腊先生突然丢出这个问题。

从来没有后悔。韩爱萍慢悠悠地用武汉话回答。

她是地道的武汉人，出生在武汉市的硚口区。她说，我回到家乡就想做一个培养出世界冠军的教练，是您帮我圆了这个梦。

2002年，湖北省体育局以特殊人才引进方式邀请韩爱萍全家回湖北省定居。韩爱萍和郭鸣变卖澳大利亚墨尔本的房产，放弃绿卡，踏上回国的征途，从此他们担负起培养湖北羽毛球人才的重任，至今。

时间过得真快，这都16年了。袁善腊先生已退休数年，他当年的属下朱德静先生回忆：袁市长年终给同志们发的奖励是文史哲书籍。

大家一起愉快地笑起来，为了每个人都应该保留好的初心。

我很想了解为中国屹立世界之巅做出杰出贡献的个人，成长史里平实的印迹是什么——我们在解放公园路开启了这第一次会面。

简餐结束后，我注意到郭鸣先生把用剩的餐巾纸收拢在一起带上。我照例保持十年的习惯，鱼骨肉块全部打包，带给大院附近的流浪猫。

夜里收到韩爱萍老师的一则短信：今天很高兴认识您，愿我们成为朋友。

武汉深夜幽蓝的天宇和十月中旬繁密的桂花，编织了一个温暖的开启。我的探访将持续一年，会有多少可爱的细节和故事跳跃出来呢？

3 韩爱萍在1974年

湖北省羽毛球队成立于1958年，当时是由几位归国华侨组队。这一年9月11日，中国羽毛球协会在武汉成立。可以说，武汉是中华人民共和国羽毛球事业的源头地。

20世纪六七十年代，湖北省体委运动队分别在武汉体育馆、新华路体育场、武昌体育场训练。韩爱萍1974年刚进省队时，武昌体育场只有3个队，乒乓球队、羽毛球队、举重队。几年后，田径队、排球队、篮球队等才搬来

▲1984年，韩爱萍（左一）和陈福寿（右一）教练合影

武昌体育场。

韩爱萍说，带我的教练很多，但有几个教练对我影响最大：启蒙老师陈福成，省队教练舒金兰，国家队教练陈玉娘、陈福寿——

陈福寿1932年生于印度尼西亚，自小喜爱羽毛球运动，曾获得印度尼西亚梭罗市的冠军，入选印度尼西亚国家羽毛球队，并代表印度尼西亚多次参加国际羽毛球比赛。1954年回国，20世纪60年代初陈福寿因伤病由运动员转为教练员，开始了他辉煌的教练生涯，训练过李玲蔚、韩爱萍等优秀选手。

史料记载：1954年，王文教、陈福寿、黄世明冲破阻力回到祖国，在中央体育学院成立了中华人民共和国第一支羽毛球集训队，队员只有他们几个人。1年后，施宁安从印度尼西亚归国，加入了这支集训队。正是这几位年轻人首创了中国羽毛球队。

中华人民共和国成立之初，满怀报国激情的华侨纷纷归来，印度尼西亚归侨占了很大比重。他们秉承了印度尼西亚羽毛球运动的优良传统，综合体育素质较高，因此国家把他们当中的很多人安排到广东、福建、湖北、上海等地的体委运动队做教练兼运动员——侯加昌、方凯祥、傅汉洵、梁小牧在广东，汤仙虎在福建，陈玉娘、彭春珊、丁玉环在湖北，梁秋霞在湖南……

到了20世纪60年代，国家体委召开第1次羽毛球训练工作会议，提出羽毛球的中国打法：快拉快吊结合劈杀、吊杀上网前搓推勾进攻结合拉吊、网上高点击球、后场跳起腾空击球等技术。明确了“以我为主、以快为主、以攻为主”的指导思想和“快狠准活”的技术风格。

事实证明，形成了中国自己的独特打法，对世界羽毛球运动的发展起了重要的促进作用，也使中国羽毛球在70年代后期到80年代整个时期处于黄金鼎盛状态。

中国打法沿袭的是马来西亚20世纪40年代末期摸索并普及的进攻型全攻型打法，也沿袭了印度尼西亚20世纪50年代后期开创的亚洲式技术风格：以欧洲的稳准打法为基础，突出运用小臂和手腕的力量，加快步伐，挥拍动作小，击球点高，运用扣杀快吊劈杀，上网快，网前多采用搓球和推平球，后场反手部位采用头顶还击等。

韩爱萍是地道的“中国打法”培养起来的羽毛球运动员。

湖北省羽毛球队第一任教练，也是之后的总教练，名叫彭春珊，是印度尼西亚华侨。丁玉环是彭春珊的太太，也是印度尼西亚华侨，是湖北省队员，退役后在武汉体育馆业余体校当教练。

舒金兰是1947年生人，是韩爱萍在湖北省羽毛球队的教练。舒金兰则是彭春珊到学校里选拔出来的。那一年她13岁，上6年级。

2018年10月15日，韩爱萍和郭鸣来芳草杂志社拜访大家，舒金兰正好从香港回武汉，于是一同前来，得以有机会采访她。舒金兰今年71岁，她身姿轻盈，健美，小圆脸，齐耳短发非常整齐，黑黑的杏眼，说话悠然轻声，亲切但也十分矜持内敛。她有两个儿子，都热爱打网球。

舒金兰所在的羽毛球队初建时共5位运动员，因为自然灾害，食物紧缺，4个人身体垮掉，只有舒金兰一人没有中断训练。后因领导决定加强网

▲1961年，湖北省羽毛球队队友合影，一排右一舒金兰，二排中间陈玉娘

球队的力量，舒金兰又转战网球，参加第2届全运会。1966年“文革”爆发后，全国各地的体育场馆等设施被毁被占，各级羽毛球队解散，体育工作者大批下放。舒金兰也被戴上“封资修”的帽子，下放到宜昌轴承厂劳动。

1971年，国家体委恢复组建国家羽毛球队，随后，全国羽毛球工作开始复兴。

1973年，舒金兰调回省队，她是“文革”后第一批从基层回到省城的体育工作者，担负起重建湖北省羽毛球队的任务。

1974年，湖北省体委运动队恢复训练，各个项目开始组建队伍，选拔青少年进队，舒金兰来到业余体校选拔队员。武汉体育馆青少年儿童业余体育学校1973年正式挂牌成立，设在新华路，其前身为汉口体育场，是20世纪50年代全国第一流的体育场、中华人民共和国成立初期苏联援建项目。队员主要来自武汉硚口大通巷小学。

韩爱萍是1972年、10岁，在大通巷小学拿起羽毛球拍的。时隔47年后的今天，我问她，为什么会在10岁打羽毛球？她回答：我当时很瘦，个子高，也能跑，这可能就是我们的体育老师陈福成看中的。我小时候很听话，老师叫我做什么我就做什么，没想到，羽毛球竟然伴我终身。

韩爱萍当时在武汉硚口大通巷小学读3年级。这所学校在今天已经改名为行知小学。

我问舒金兰，为什么会在业余体校里选定韩爱萍进省队？

一种感觉，并没有严格的数据依据，比如她的灵性、气质、精气神、身体成长状态、运动表现。体育天才其实就是身体构造比别人好，当然，智力和心态、技术和耐力的训练也很重要。亚洲人的身体结构比较适合灵巧的运动，所以，亚洲人在乒乓球、羽毛球、体操、跳水等方面，向来比较强悍。

刚进湖北队的韩爱萍是什么样子呢？舒金兰笑了起来，说，特别瘦，大家都叫她豆芽菜、竹签子。性格活泼开朗，大大咧咧。通过训练，舒金兰进一步发现这个孩子心理素质非常好，能自律、自强，虽然只有12岁，又是独生子女，可她一点儿都不娇气，每次训练课她都能自觉地甚至超量完成训练计划。

舒金兰侃侃而谈：体育界的三大球是足球、篮球、排球，三小球是乒乓球、羽毛球、网球，我是羽毛球和网球都打过，做了几年运动员，后做教练。1974年，我去业余体校招了十几个孩子做省里的羽毛球运动员，韩爱萍是最小的，运动员里大的能比她大7岁到10岁。韩爱萍是独生子女，在那个时代很少见，她的父母亲都是普通工人，因为只有一个孩子，经济上会比别的人家略好一点，但是韩爱萍从小就养成非常朴素的生活习惯。有一次韩爱萍的母亲送到训练队一件灯芯绒外套，韩爱萍坚决请母亲拿回去，因为她要先问问教练能不能穿。韩爱萍朴素的作风一直保持到今天，她的两个女儿如今在澳大利亚读大学，和母亲一样节俭。两个女儿都是90后，身高超过1.80米，刚开始两个都打羽毛球，是孔庆霞的学生，后因身体原因，小女儿改打网球。韩爱萍的两个女儿，生活规律从童年时代就非常好，生活用品从来都收拾得整齐归位，没有乱花钱的习惯。韩爱萍身上的自立和自律，很有效地传递给了孩子们。一门家风之正，是多么可贵。

在舒金兰教练对往事的追忆中，我了解到：

有的队员是需要在教练员督促下完成训练的，而教练对韩爱萍最担心的是怕她过度训练影响发育，每次训练都要控制她的运动量。最为典型的是力量练习，她知道自己瘦小没劲，因而总想偷偷地多练几组，这就是她在同等条件下训练，而进步比别人快的关键所在，也是从量变到质变的过程。正因为韩爱萍具备这种顽强的毅力和百折不挠的精神，所以勇往直前，终达事业的顶峰。

另外一点是这批队员刚进队时，基本功训练抓得很扎实，而且是因人施教，根据各人不同的身体条件及技术特点，加强特长，弥补特短，有的把特短经过有意思的磨炼进而变成特长——以韩爱萍的劈杀技术为例，她少年时期身体瘦弱，没有力量，杀球没有威胁，动作挥得很大，看似用了全身的力气，但球不重，而防守的人看动作预判，老是差半步。后来，韩爱萍干脆把杀球改为劈杀，结果在比赛中累累得分，动作有点带欺骗性，这项技术后来成为她独特的技术风格。这说明训练要因人施教，不可千篇一律，对待不同条件的运动员要用不同的训练方法。

韩爱萍除了能吃苦耐劳以外，还有更突出的一点，也是一个优秀运动员的必备条件，那就是胆量大，天不怕地不怕。她第一次参加全国比赛（1977

年全国羽毛球比赛，广州），无论从年龄、技术、身体素质及比赛经验等各方面来看，与一些大队员、有名的运动员都有一定的差距，可韩爱萍并没被她们的名气吓倒，而是在场上敢打敢拼，最后打进决赛，取得了全国单打亚军，当年15岁。

▲训练中的韩爱萍

舒金兰说：羽毛球运动是技术、战术与体能并重的项目，三者齐头并进，需要天分、智慧和勤奋。然而做任何事情，人的内因是起主导作用的，即便是身体条件再好，外界条件再好，你如果不努力拼搏，也是不可能达到高水平的。从这场比赛看得出韩爱萍真是一块难得的好料子。很多运动员练习打得很不错，可一到比赛就紧张，发挥不出正常水平。而且韩爱萍受父母的影响，作风朴实，待人真诚，哪怕后来取得了世界冠军，获得过国家给予的最高荣誉，仍然保持不骄不躁、待人平和的作风，从来没有以傲慢的样子示人。我虽然只带她训练了4年，但似乎她从来也没离开过我的视线，她不管去到哪里，走多远，去日本还是澳洲，每逢佳节她的明信片就会飞来，近几年才用微信传递信息，以前都是写信或长途电话问候。她有任何大小事都会和我讲，我们一直是好朋友，不是亲人胜似亲人。

舒金兰1984年定居香港的时候，韩爱萍已经在1979年世锦赛和之后的几次世界比赛、全国比赛中取得冠军。她们的师生友谊一直持续到今天。韩爱萍2002年之前在澳大利亚定居的8年里，舒金兰两次从香港到澳大利亚看望韩爱萍的全家。舒金兰每次回武汉，一定会探望韩爱萍的父母亲。

4 磨剑

在省队的训练，韩爱萍回忆：省体委武昌训练基地在今天的武昌首义广场，刚进队时，为了全面提高我们的技术和身体素质，磨炼我们的意志品质，有一年冬训，队里提出要搞一次象征性长跑，“武汉—韶山”。并规定我们每天跑6000米。武汉的冬天干冷，气温在零摄氏度以下，20世纪70年代条件艰苦，宿舍没有暖气，没有空调，房间比外面还冷，进了被子就不想起来，遇到天气好时，中午我们就不睡觉，坐在走道上晒太阳、聊天。早上从被子里爬起来是最艰难的，得斗争半天，穿着秋衣、秋裤，披着大衣到楼下集合，做完准备活动后，赶紧脱掉大衣，一溜烟就开跑了。当时还规定不能戴手套跑步，开始，我们一个个冻得直打哆嗦，跑到长江大桥上时，更是寒风刺骨，吹到流鼻涕、耳朵疼、手发僵……返回时经过车站，坐在车上的叔叔、阿姨都会带着“惊奇”的眼光看着我们这些小毛孩们，既有赞许也觉“可怜”，不过，自己倒有一种自豪感。那时，体委和大多数单位一样，经常召开全体大会进行政治学习，武昌体育场就派交通车送我们去汉口体育馆，或是新华路体育场开会，大会结束，我们羽毛球队队员会很自觉地不坐车而是跑回武昌体育场驻地。

冬练三九，夏练三伏，训练从周一到周六，周日出了早操后方可回家，但傍晚时候就得归队。也就是说，一年到头，韩爱萍他们很少的时日能回到家中居住。训练内容以基本技能为主，同时进行力量的训练。舒金兰说过，韩爱萍年龄小，对训练有一种兴奋感，是学员中最刻苦的。

韩爱萍在少年时代就已经认知到，羽毛球是她喜爱的，是适合自己的，也是自己愿意去做的终生的事业。为此，她愿意一直拼搏。

韩爱萍说，我第一次出远门是1974年7月去昆明参加全国首届少年羽毛球比赛（参加单位有中国人民解放军，上海、天津、河北、辽宁、江苏、浙江、湖南、湖北、安徽、福建、广东、广西、四川、贵州、云南等16个省、市、自治区的242名男、女少年运动员,包括男22个队124人,女21个队118人。其中6省市各报两个队，辽宁女队因参加团体赛人数不够，只作表演，不计名次。年龄最大是17岁，最小11岁。大部分是15岁至16岁），坐了三天两夜的火车到达昆明。火车是卧铺车厢，三层床令我们觉得十分新鲜。上火车前，街坊送来一包一包的零食，我全都背到了火车上，和十几个队员朋友一起享用。这一年我12岁，参与了比赛，但是没有获奖，是我羽毛球赛事生涯的发端。

2018年10月17日重阳节，我在武汉花园道见到韩爱萍的3位小学同学，孔庆霞，冯爱武，张小珠，她们10岁左右一起进业余体校，先后进入省羽毛球队。

当年韩爱萍和孔庆霞（孔庆霞是韩爱萍最早的双打搭档），她们一起登上绿皮火车，出武汉，出湖北，向昆明，去世界，在那一刻无限地打开。

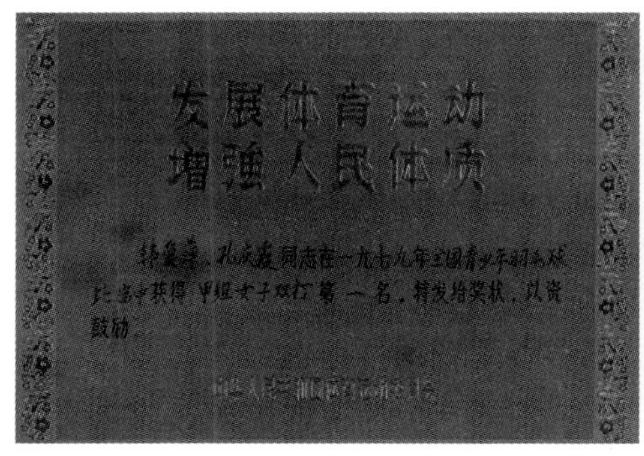

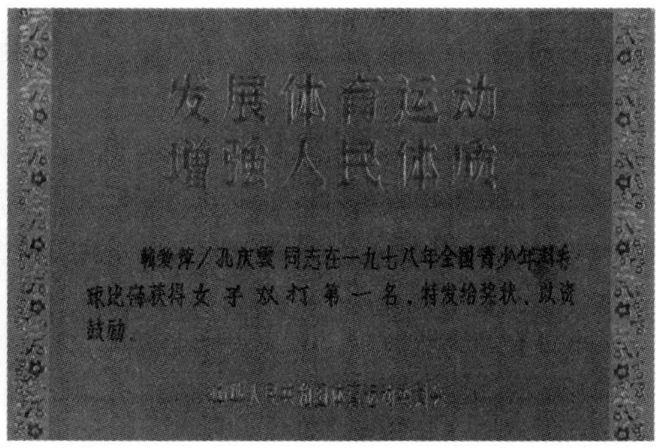

▲韩爱萍与孔庆霞搭档时所获奖项

大通巷小学。说出这个学校名字，几个儿时的伙伴默契地微笑着，因为情绪高涨而面庞红润。她们分别是1959年、1961年、1962年出生的人。

▲1972年，大通巷小学羽毛球队，后排左三孔庆霞，左四韩爱萍，右四冯爱武

大通巷小学有近百年的办学历史，早年叫汉口三小。1935年3月8日，陶行知先生和张宗麟先生亲临汉口三小。陶行知先生作了题为《怎样做小先生》的演说，并为三小题词两幅，其一为：从前世界属大人，现在世界属儿童。其二为：手脑联盟。

这两幅题词既有祝愿，也是箴言。

到了20世纪70年代至80年代初期，学校体育教师陈福成（中华人民共和国成立初期新加坡归国华侨）克服条件简陋等困难，坚持抓好学生的羽毛球业余训练，取得了优异的成绩，为国家培养了一批优秀的羽毛球后备力量，70年代、80年代湖北省羽毛球队队员中有80%出自大通巷小学，他们中的不少人日后成为我国羽坛叱咤风云的领军人物，其中最杰出的代表是韩爱萍、

▲1985年，韩爱萍回母校大通巷小学看望师生，赠送羽毛球拍

田秉毅、杨克森、尚福梅等。

2012年7月，经硚口区教育局同意、区编制办批准，学校更名为武汉市硚口区行知小学，成为湖北（武汉）地区第一所以人民教育家陶行知先生名字命名的学校。

身量不太高，皮肤雪白，很显年轻的孔庆霞，现在是湖北省奥体中心的羽毛球教练。她的父亲是20世纪中华人民共和国成立初期硚口商业局的一名有知识分子情怀的工作人员。孔庆霞说，我爸爸希望我能够练习一手好字，将来做一名国家公务人员。10岁时，我被大通巷小学我们的体育老师陈福成选拔出来训练羽毛球，父亲是完全不支持的，但我终究是犟过了他，从此每天和羽毛球拍在一起了。

冯爱武，原奥体工会副主席，她说，体育老师选出对体育运动有兴趣，

▲青年时代的陈玉娘

且身体条件较好的同学，成立了校羽毛球队。我们的体育老师是响应号召、从新加坡回来的陈福成老师，他的教法是先不打球，先练习挥拍动作，一练就是几个月。

陈福成老师曾经给她们讲了中国第一代羽毛球小花旦陈玉娘的故事：在印度尼西亚一个普通的中国人的家庭，父母共养育了8个小孩，陈玉娘排行第五。1960年，为了响应祖国的召唤，年仅13岁的陈玉娘带着一身高超的球技从印度尼西亚来到中国，武汉。1963年11月，刚刚在中国打了两年羽毛球的陈玉娘以国家队主力队员的身份参加了在印度尼西亚举行的新兴力量运动会，并击败了所有的印度尼西亚国手，引起轰动。

这个故事令韩爱萍他们既惊讶又心潮澎湃，原来一个小小的羽毛球也能够为祖国增光，原来我们身边就有这样有毅力有作为的人。

10岁的韩爱萍并不知道，她将和陈玉娘在国家队有师生之缘。

韩爱萍说，1978年，陈玉娘担任中国羽毛球女队教练，她爱人张光明也是印度尼西亚华侨，带国家男队。我是她的第一批队员，在她手上的两年里，我的技术水平和身体素质得到全面的提高。那时，除了训练就只有训练，满脑子都是训练，走路时都在想动作，完全到了痴迷的程度。晚上没事时，几个队员就结伴去陈玉娘教练的家看电视，有时张光明指导的队员也去，人多了，就在地上铺上垫子，直接坐在地上，很热闹。1980年他们全家去了香港，我们很舍不得，她对我们也舍不得，还开玩笑说干脆把我们几个放到托运包里一起托运过去。

陈玉娘在若干年后从香港又回到国家队任教，先后培养出韩爱萍、关渭贞、唐九红、黄华等世界冠军，为中国羽毛球队在20世纪80年代到90年代在世界羽坛上的出色表现，做出了重大贡献。

张小珠，在湖北省体委医务室工作。她回忆，我们被舒金兰教练选中，1974年进入省队，当时我们硚口有十多个少年羽毛球运动员一同进入省队。在业余体校时每个月有6元的津贴，我们有时运动累了就结伴去小饭店吃饭，花2角钱2两粮票吃碗热干面，小伙伴们在一起别提多快活了。到了省体委运动大队后，队员们的月津贴为24元，发衣服，管食宿。

那时候一个大人一个月的工资大约在40元左右。他们何尝不感到骄傲？

▲20世纪80年代，韩爱萍（左一）和父亲（右一）合影

既能够在未来为祖国争光，还能在小小少年时就有能力帮助大人分担生活的重担。

到外省比赛，小小运动员总会给家里买很多东西。孔庆霞说，我给父亲买烟，还买过茅台，那时候的茅台8元多钱一瓶。父亲虽然对我的事业的选择有遗憾，但内心也是高兴的吧。但是他看到我练得太投入，就很担心我的身体，总是说，可不能太累了。

相对于孔庆霞父亲的反对和之后的勉强同意，韩爱萍父亲的态度是由不支持打球、要读书，到后来的全力支持。

韩爸爸最严厉。韩爱萍的小学同学们如此下断语。

严厉的意思就是从精神上支持，并时刻纠正女儿的思想倾向性，帮助她戒骄戒躁。韩爱萍有一年在赛事前给父亲写信，语气激昂，过于自信，显示出了对对手的轻视态度。父亲看信后，表达了对她这种态度的担忧，他给女儿回信说：过度自信就是骄傲。果真，韩爱萍那次的比赛没有打赢对方。

所以我的父亲最懂我，所以毛主席说得很对，虚心使人进步，骄傲使人落后。韩爱萍哈哈笑起来。韩爱萍说话的声音虽然大，但非常稳健，像平滑飞行的机翼。他们这一代人对毛主席说过的话记忆清晰，她乐呵呵地背诵起来：发展体育运动，是为了增强人民体质。体育于吾人占第一位置，体育之效，在于强筋骨，增知识，调感情，强意志……

韩爱萍的父亲是武汉玻璃仪器厂的一名工人，常年高温作业。韩爱萍的母亲是武汉汽轮发电机厂的一名工人，生产叶片，2018年，83岁，如今在养老院生活，同韩爱萍的婆婆在同一家养老院。韩爱萍的父亲已于2016年去世。

舒金兰回忆，1974年韩爱萍进省队不久，她的母亲来队里看女儿训练，韩爱萍一个腾跳步接球动作，把坐在一旁观看的母亲吓了一大跳，猛地闪身躲开。

这一幕过去了多少年？就像昨天发生的事情。进入古稀之年的舒金兰教练，忍不住笑起来。而韩爱萍的母亲已进入耄耋之年。

1974年的省队，武昌体育场体委的三个运动队，共有运动员五六十名，没有洗澡堂，只锅炉房有两根热水管，要想洗上舒服的热水澡，就要排长队，男队员先进去就是男队员的天下，等到他们都洗完后，女队员才能进去。不想等待就自己提水到厕所洗，12岁的韩爱萍住在三楼，经常运动后提一桶热水上楼冲洗，如此简单清苦的生活，培养了韩爱萍乐观淡泊堪忍的精神。

韩爱萍说，当我参加比赛时觉得自己比别人好，就肯定输球，因为潜意识里的轻敌导致失败；当我觉得比别人差，反而会充分准备，发挥得更稳健。

12岁的韩爱萍对自身深刻的思索，俨然已经是一个小大人了。在接触中我渐渐发现，韩爱萍是一位善于将实践经验提升到清晰的理论高度的女性。她的性格特点应该是：理性、稳健、宽和、大气、睿智、坚忍。

舒金兰教练常常教育她们，一个心理素质良好的运动员，训练水平就是比赛水平。韩爱萍深知这个规律，所以从不偷懒，自觉，刻苦，努力做到比赛时发挥出训练水平。

1976年，第4届亚洲羽毛球锦标赛在印度的海得拉巴举行。14岁的韩爱萍获女子少年组单打亚军，双打冠军。这是韩爱萍第一次走出国门告捷。

1977年，15岁的韩爱萍到广州参加全国少年羽毛球比赛，虽然年龄小，却敢打敢拼，在比赛中充分发挥劈杀的特长，令对手措手不及，一轮一轮淘汰了许多国手，包括大她7岁的上海运动员刘霞（第8届亚运会羽毛球比赛女单冠军、第1届世界运动会羽毛球比赛女双冠军）。

韩爱萍爆发的扣杀力，令老练的刘霞措手不及，最终赢得了女单银牌。这是韩爱萍作为一个小大人向世界亮出自己这把利剑的伊始。

5 磨难

此时正是武汉一年中最美的时光，桂花的香气，沉静的秋光，温凉的风，只有这个季节，令人想到岁月永长四字。

韩爱萍这天穿了一件姜黄色的开司米毛衫，里面是纯黑的丝质套衫，黑长裤，黑皮鞋。我们第一次见面她穿印花针织衫，我在访问笔记里说她就像一个普通的武汉大妈。这个笔记我发给了她看。然而这一次，她这样美的出现在了武汉市文联三楼芳草杂志社。她的头发蓬松，有自然的弧度，她的腰板笔直，双肩端正，举止利落，到位，充满活力。

在运动员面前，我们普通人会发现自己的身子特别沉，也就意味着身子已经变得很懒了，而我们却不自知。

采访的间隙里，韩爱萍认真地，轻声地对我说，上次见面我的脸色不好，因为那天我刚从医院做完治疗，拔下输液瓶就赶到了餐厅和大家见面。

我的心里难过起来，为了自己那样如实地写下对她的第一印象。

韩爱萍又说，那么你知道我的情况吧，我的身体……

我点点头，用微笑回应她的微笑——生命的绿色，意志可以令它生机重来。那两个字究竟要多大的勇气才能写到纸页上——

2016年，韩爱萍被查出肺癌。

两年多的治疗至今，全身的疼痛随时到来，她却一面咬牙熬过去，一面如常人生活，甚至是谈笑风生地，面对亲友。加入江汉老年大学唱歌班，充实退休后的时光。大小事依然张罗得有条不紊。没有告诉83岁的老妈妈。

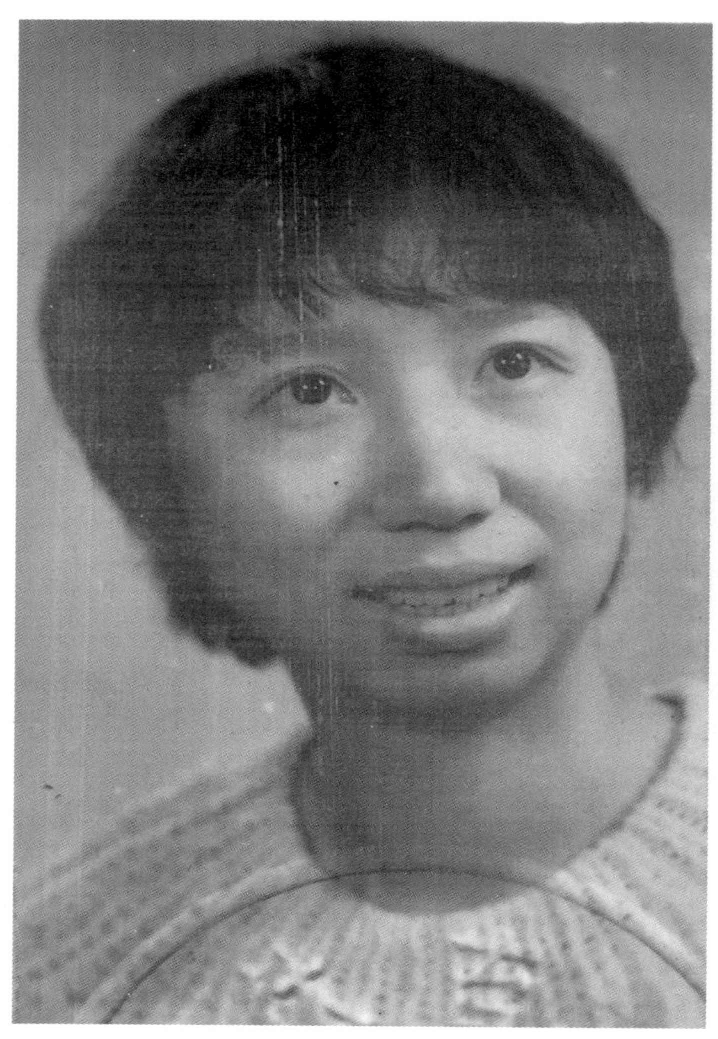

▲青年时代的韩爱萍

我看见她青年时代的老照片，鹅蛋脸的和蔼柔情，与她擅长的爆发力劈杀是完全的两面。我看见她2002年年末回国后，做一名教练，做一名大学客座教授，做一名公务员，做一名全国政协委员，做一名侨联领导时候的样子——人到中年，略略发福，清淡朴素，谦和依旧。

她是一个有着人格魅力的人啊。我看着她的照片突然就知道了。

舒金兰教练说过，运动员的终极理想就是拿到好成绩，为国增光，长期的不间断训练导致体力透支，日复一日的疲劳累积会导致身体的免疫力下降。

湖北另一位羽毛球名将何翠玲，她是1955年生人，与上海羽毛球运动员刘霞同年，1970年进省队，1973年进国家队，是第3届全运会羽毛球赛女子团体冠军获得单位湖北队的主力队员，并与陈玉娘搭档获女子双打亚军。在

▲20世纪70年代，韩爱萍（右一）与何翠玲（左一）搭档

第4届亚洲羽毛球锦标赛上获混合双打（与方凯祥搭档）、女子双打（与梁秋霞搭档）冠军。1999年，她在福建八一队集训时因脑梗中风。

我在武汉花园道见到何翠玲，她为从香港回武汉度假的舒金兰教练送来花束，一起过重阳节。已经63岁的何翠玲看着精力非常饱满，肤色润泽，明眸皓齿，说话缓慢。她告诉我，中风后躺在病床上，两年没有讲话，智商为零，用了13年恢复到如今的正常。

何翠玲是一个很美丽的女子。她的胸前和腕上佩戴着彩色的玉石，穿粉色古典花纹的毛衣。她在年轻时候的外号叫老美。因为她长得很西方，肤白，眼睛大而深，个头大，头发黄。我听见韩爱萍她们喊她：老美过来

▲1979年，杭州，韩爱萍（左一）和何翠玲（右一）合影

照相！

她们20世纪70年代在一起，是并肩奋战的球手，是情深义重的好姐妹，是回望运动员光辉岁月里真切的彼此。

早在1980年，韩爱萍的身体就经历过病魔对自己运动生涯的打击。

1979年获第2届世界锦标赛女子单打冠军，并与队友共获世界杯赛女子团体冠军之后，年仅17岁的她，羽毛球的未来有着无限的美好可能、前程一片光明时，厄运却降临了。

韩爱萍说：1980年，我经常感到容易疲劳、心慌，不知原因，也查不出什么毛病，搞得我心烦意乱，无法安心训练。医生怀疑我得了甲亢，后来一检查果真是。医生就说，不能再打球了，必须停止训练。当时我不以为意，认为不就是别人说的粗脖子、凸眼睛吗？其实甲亢病还有一个症状对运动员

▲2018年重阳节，左一孔庆霞，左二张小珠，左三何翠玲，右一冯爱武，右二韩爱萍，右三舒金兰

来说是致命的，那就是心跳加快。我从一楼走上三楼心跳已是120次左右每分钟，运动员训练激烈时心跳是每分钟180次到每分钟200次，也就是说，我还没开始练就已经跳得这么快了，如果再练下去可能会有生命危险。据了解，运动员中没有一例甲亢病人能重返运动场，这等于说给我的运动生涯判了“死刑”。突来的厄运把我打懵了，当时我才18岁，正是出成绩的最佳时期，并且已经代表国家队参加过几次国际大赛，有一定的大赛经验，现在倒好，突然就生病了，要停止训练，这岂不是我终生的遗憾？当时，我并不懂得太多的大道理，只是有一股倔劲，觉得自己一定不能就这样离开球场，觉得可以边治疗边训练，说不定能创造甲亢病人重返运动场的奇迹呢。

在我生病治疗期间，有两种选择，手术治疗或保守治疗，队里领导、教练和医生们进行反复比较，综合分析利弊，最后决定采取保守治疗。在用药

▲韩爱萍赛场英姿

方面会比较麻烦，因为，治疗甲亢的丙硫氧嘧啶会有些副作用，伤害肝脏、白细胞减少等等，所以，每周必须要到医院进行抽血检查，看用药剂量是否正常。

▲韩爱萍在1983年日本尤尼克斯杯羽毛球公开赛

一个每天都只有训练的人，突然停下来那是个什么样的滋味？感觉很空虚，很无助，心情非常烦躁，不知道干什么好。也就是在这段时间里，我尝试阅读了一些中外名著，记忆最深的是海明威的《老人与海》，我清晰记得小说中描述的一些画面，在暴风雨即将来临的大海上，靠打鱼为生的老人死守在海面上，指望会幸运地套住几条大马哈鱼。因为他舱里空空的，说什么也不愿意空手而归。机会终于来了，在电闪雷鸣的那一刹那，他的渔网有了动静，但命运给他开了个大玩笑，他套住了一条并不值钱的大马林鱼。接下来，描述的就是老人在海上与暴风雨搏斗，与大鲨鱼较量，可谓腹背受敌，他的小渔船几次险遭鲨鱼掀翻，但他都沉着应对，在经过整整一夜的搏斗之后，老人终于把船划到了岸边。这时，黎明的曙光从东方跳了出来，大海风平浪静，小船的后边，拖着大马林鱼的骨架。这个故事给了我力量，从那以后，我不再消极。

治疗甲亢在东单菜市场附近的一所医院。时隔多年再想一想，我得的甲亢应该是青春期特有甲亢。当时在国家队的安排下，我留在北京治病、养病，一有时间就会到场地看别人打球，令我惊喜的是，我竟然有了从前没有的收获——我在看别人的打法和应变技巧时，得到了平时得不到的醒悟。人

▲1986年，《中国体育》英文版杂志封面

生的道路不会是一帆风顺的，在逆境中同样会有收获。这是我对人生的又一次深刻体会。

1982年病情有所好转，我开始尝试恢复训练，一切从零开始，慢跑、小力量、轻技术等，训练了一段时间后，自己感觉可以加大运动量了，就在我感觉很好时，身体的某一个关节、某一个地方就会突然抽筋，疼得不能动弹。这时，只好由陪练、医生把我搀扶到按摩床上去把紧张的肌肉松开。不知经历了多少次这样的折磨，从绝望、观望，到希望，功夫不负有心人，经过漫长的两年时间的治疗和恢复训练，我终于在1982年9月参加全国羽毛球单项比赛了，而且在比赛中获得女子单打亚军的好成绩（女单冠军是老将张爱玲）。1983年1月参加了日本尤尼克斯杯羽毛球公开赛，获得女子单打冠军（男单冠军是韩健）。

每周一星

尤尼克斯杯女子单打冠军——韩爱萍

湖北选手韩爱萍，12岁就开始打羽毛球。她
刻苦，长进很快。1977年全国羽毛球比赛，15岁
爱萍便获女单亚军。正当新苗茁壮成长之时，却
魔侵扰，到去年下半年，才逐渐恢复，再获全国比赛单打亚军。
年1月份在日本尤尼克斯杯公开赛中，她以2比0胜丹麦选
夺得单打冠军。（照片为新华社稿）

▲1983年，《体育报》，尤尼克斯杯女单冠军报道

我太高兴了，我为自己正确的选择感到高兴，成绩的取得给了我最大的肯定。我很感谢领导、教练没有放弃我，感谢医生对我病情的把控，感谢队友对我的帮助。

▲1978年，北京，陈玉娘在国家队指导的运动员合影。左一李汀英，左二陈玉娘，左三陈瑞珍，右二孙桂玲，右一韩爱萍

中国羽毛球界是这样说的：韩爱萍是唯一一例重病后重返战场的羽毛球运动员。

中国的羽毛球爱好者亲切地称呼韩爱萍：复活者！

1983年，韩爱萍开始征战国际比赛，第1站日本公开赛夺得女单冠军，之后是第3届世界锦标赛女单亚军，世界杯赛女单、女双冠军……

韩爱萍多年后总结到：体育运动竞技使运动员学会了如何处理胜利和失败，以及如何击败对手；我们比常人更懂得如何应对挫折，并能够对自己建立起自信。

韩爱萍说，12岁到16岁，在省队训练，只周日的白天能回家和父母亲一起吃饭。他们有时想我了就来队里看我。我很严肃地告诉他们，不要再来了，教练和队友见了多不好意思。有一次，我妈妈从关山下班绕道来武昌体育场看我，我赶紧让她躲进卫生间，免得让队友看到。那时候哪里知道，等我去了北京，我和父母亲面对面坐在一起这件事，已经变得不是易事了。

1977年，15岁的韩爱萍从省队被选拔进国家队，到1989年，27岁的韩爱萍退役。这期间的12年，韩爱萍是在北京度过的。韩爱萍得了甲亢在北京治疗的时候，韩爱萍的父亲坐十几个小时的绿皮火车来北京看望女儿。

韩爱萍说，爸爸用辛苦积攒的钱买了甲鱼，给我补身体。一桶甲鱼到了北京死了好几只，爸爸好心疼。

当时，国家队领导的态度是：韩爱萍是在我们这里得的病，无论将来还能不能打羽毛球，我们都要把她的病治好。40年后，坐在我对面的韩爱萍把这句话说了两遍，边说边微笑，春风拂面。韩爱萍热爱人间善意。

6 武汉的女儿

2018年10月26日晚7点，第13届武汉·中国光谷国际杂技艺术节在武汉杂技厅开幕。韩爱萍邀请我一起去观看。

韩爱萍穿了一件粉色长毛衣。她的肤色因为治疗的原因，是沉暗的黄色，但是她的精气神却满满的，这是因为她的毅力。她每一时刻都不允许自己看起来是潦草的，消极的。她用姜黄色、粉红色或者蓝色的衣服提升着自己的明亮度；她用坦然的、真诚的、雍容的微笑和举止，与旷大世界打交道。在湖北，尤其在武汉，韩爱萍被无数人喜爱，尊敬。

韩爱萍查出肺癌后，韩爱萍的多年老友朱德静先生第一时间伸出援手。朱德静说：2016年"五一"前后，袁善腊老市长给我打来电话：听说韩爱萍病了，你问问郭鸣，是什么病，在哪里住院？我们一起去医院看她。我立刻给郭鸣打电话。郭鸣告诉我，检查结果刚出来，是肺癌晚期，住在同济医院。袁市长也关心韩爱萍的治疗，亲自给同济医院的相关同志打电话，说韩爱萍是对国家做过贡献的人，你们要重视。又问郭鸣，省体育局知不知道？郭鸣说，我们暂时谁也没说。然后，袁市长又给湖北省体育局的一位领导打电话，希望他们以组织的名义协调医院安排好韩爱萍的住院治疗。

韩爱萍是中华人民共和国成立70年来羽毛球界的顶级运动员，在1989年首届中国羽毛球十佳的评选中，以全票当选且高居榜首；她是武汉的女儿，40岁之后回到武汉，为湖北体育运动事业贡献着自己的心血和力量，至今。

武汉的女儿里，还有一位中华人民共和国成立以来熠熠闪光的人物，她的名字叫夏菊花。1957年，夏菊花带着《顶碗》节目，参加在莫斯科举行的第6届世界青年联欢节杂技比赛，为中华人民共和国夺得第1枚国际杂技比赛金牌；1965年，武汉杂技团中青年演员出访欧洲，在法国、意大利、瑞士演出了3个多月，夏菊花的《顶碗》节目引起轰动。

▲1994年夏，汉口合作路奥林匹克餐厅，朱德静（左一）与韩爱萍（右一）合影

夏菊花从1981年起担任中国杂技艺术家协会主席，一直到2010年卸任，被中国文联授予中国杂技艺术家协会终身名誉主席。其间，她在武汉、北京两地跑。她常常说："武汉培养了我，我就在武汉。"在她的努力下，汉口建设大道上建起了武汉杂技厅，是我国第一座可供进行国际杂技、马戏表演的观演建筑，为亚洲最大的杂技厅。1992年武汉开始举办两年一次的国际杂技节。武汉人民欣喜地发现，每逢杂技节举行，武汉杂技厅两边的街道上彩旗招展，锣鼓喧天，来自世界各国的代表团云集，武汉开始变成一座国际化的杂技之都。

看杂技节目期间，韩爱萍有4次叹息。第1次是，为国际杂技节提供赞助支持的单位，应该有所体现。第2次是，夏菊花老师是武汉70年来保护得很

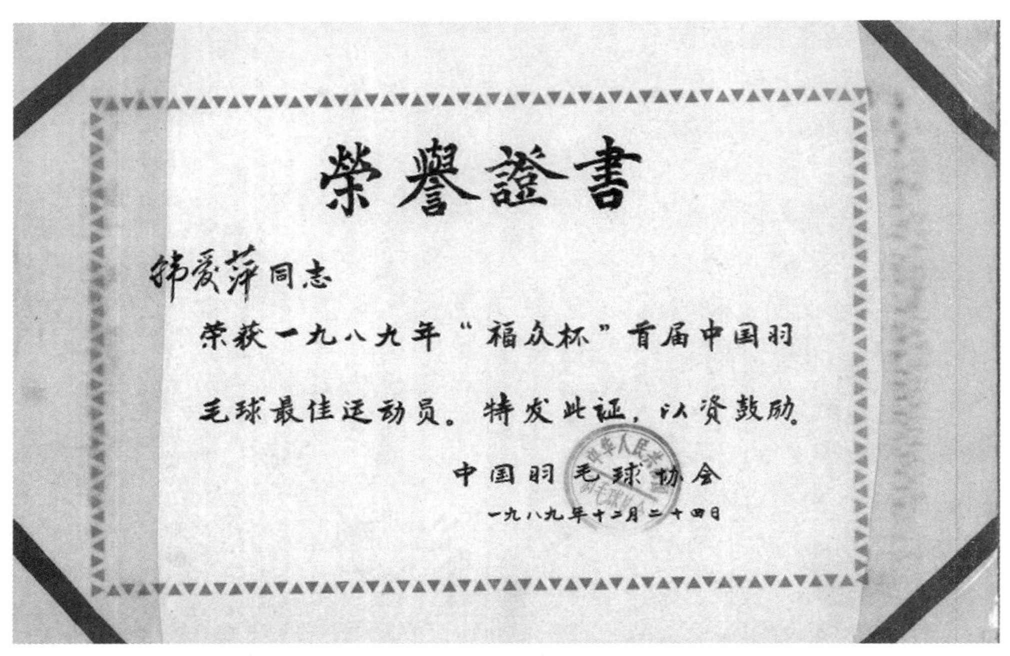

榮譽證書

韩爱萍同志

荣获一九八九年“福众杯”首届中国羽毛球最佳运动员。特发此证，以资鼓励。

中国羽毛球协会

一九八九年十二月二十四日

▲韩爱萍获奖证书

好的一张名片，却没有被世人熟知。第3次是，杂技这项表演艺术已经发生了非常明显的变化，幽默风趣机智是一个典型，古典曲艺和高难度技艺的完美结合又是一个典型。第4次是，这么好的杂技厅，这么难得的国际杂技节目演出，而观众却不是很多。

那天夜晚的武汉杂技厅里，我和韩老师坐在观众席。正对着我们的领导席上，坐着81岁的夏菊花。她们一位是中华人民共和国成立初期诞生的世界杂技皇后，一位是改革开放伊始诞生的世界羽毛球皇后；一位白发苍苍，一位低调朴素，隐入众人。我们在散场的人流中走出剧场，韩爱萍带着我来到长廊展示墙，对我说，你来看看吧，夏菊花老师的经历。

我这一生都会记住这个画面，韩爱萍慢慢地在长廊走，细细地阅读，她仰起的面庞，专注，有温柔的光辉，真心的敬爱。

榮譽證書

韓爱平 同志：

被评选为建国50年湖北省双十佳运动员

省委宣传部

湖北日报社

湖北电视台

一九九九年十二月十四日

▲韩爱萍获奖证书

桂花满城时节，两位叱咤风云于国际舞台的武汉的女儿，以这样一种方式不期而遇，默然无声，我却能听见，命运的私语。

夏菊花和韩爱萍同是全国人大代表，彼此相识，彼此爱惜。

7 至亲

记下韩爱萍母亲的名字，黄聪玷，1935年生人；记下韩爱萍父亲的名字，韩述凡，1931年生人，2016年去世。

▲1986年，韩爱萍（右一）与父母合影

记下韩爱萍的羽毛球启蒙老师的名字，陈福成，50岁因鼻咽癌去世。

互联网有陈福成先生的介绍：优秀教练陈福成（1936—1986年），祖籍广东四平，生于新加坡。1957年2月回国，7月分配至武汉市第13中学学习。1960年，考入湖北艺术学院附中。1963年，报考上海音乐学院未果，遂至大通巷小学任教。60年代末，中国羽毛球协会仍被国际羽联拒之门外，且羽坛青黄不接。鉴于此，为了让中国羽毛球运动打翻身仗，他精心挑选韩爱萍、孔庆霞、田秉毅、尚福梅、杨克森、孙冰等一批小队员，组建大通巷小学羽毛球队。

2018年10月28日，我在老汉口乘坐公交车转出租车，找到江汉区常腾街10号的江汉老人公寓。韩爱萍和她的母亲在大厅的待客区等我。

韩爱萍的母亲今年83岁，头发已全白，但硬朗极了，面容慈祥，单纯。单纯这个词语，是陈福成老师当年用来形容韩爱萍的。韩爱萍的母亲也是一位极其单纯的人，她坐在那里，说的就是想的，天地清白，坦坦荡荡，对人生的满足，心里是欢喜，一日一日，总是欢喜，即使从前也是吃苦过来的。

韩爱萍的母亲说，我出生在湖南长沙，父母亲都是地道的老长沙人。我的父亲被日本人俘走，从此生死不明。我的母亲生下遗腹子的弟弟，带着我，还有我的小姑姑，为躲避日本人，一起投奔在武汉江夏县的叔叔，就是我父亲的弟弟，他们在江夏种田。那一年正是1945年，日本投降年，我10岁，看见大街上很多战败的日本人，他们戴着两侧有遮布的帽子，很显眼。这样我们就来到了武汉，从此成了武汉人，再也没有回过长沙了，因为那里早已没有至亲的人了。1955年，经老乡介绍，认识了萍萍的爸爸，他的父母亲和祖上是湖南湘潭人，家里三兄弟，他是老二，在武汉玻璃仪器厂工作。1958年大跃进时候我进武汉汽轮发电机厂工作，那时候路不好，又没有地铁，每天清早不到7点就要挤公交车，走将近两个小时到厂里，傍晚下班再坐两个小时的车回硚口的家。我们一家住在硚口长堤街普通居民院子里。这个大院在硚口什么位置呢？江汉一桥旁的武胜路。

武汉硚口，韩爱萍的出生地。1979年，这里率先恢复个体户经营，经过20世纪80年代的蓬勃生长，汉正街在90年代成为中国最大的小商品市场，人称“天下第一街”。

武汉硚口，汉江浩荡汇入长江，民心古朴勤劳，崇尚清洁和正气。

硚口曾是大武汉的源头，老工业基地、现代工业的龙头、近代民族工业的记忆——南洋烟草、宗关水厂、既济电厂……无数民族工业翘楚，诞生于硚口。武汉的第一滴自来水，是硚口生产的；第一块肥皂，是硚口造；第一盒火柴，是硚口产……

硚口还走出了15位叱咤风云的世界体育冠军，他们是韩爱萍、田秉毅、陈静、尚福梅、乔红、伏明霞、韩晶娜、高崚……他们为硚口赢得了“世界冠军摇篮”的美誉。

硚口现象究竟说明了什么？韩爱萍的母亲说，其实那一带就是贫民和平民居住的地方。我们能吃苦，做人忠诚大义，知道做人的道理，认真建设着生活。50年代到70年代我们在硚口住了22年，是一间9平方米的房子，一家三口还带着我的老母亲，老母亲常常从江夏过来生活，会带上萍萍舅舅的小伢。萍萍的爸爸其实脾气很火爆，但是对老人和孩子很好，从来没有给亲戚们气受和脸色看。

湘潭老人韩述凡已作古两年，我们在此时用静静的思念表达对他的敬意。

韩爱萍就出生在这间9平方米的房子里，渐渐长大，进进出出，大院里坐着休憩的老人，来回走动做家事的女人，一位太婆对韩爱萍的母亲说，只有你家萍萍任何时候见到我们都会认真地打个招呼。

韩爱萍说，现在回想，是父母日常的行为产生示范效应，我自然而然就被潜移默化成有礼貌的孩子、懂得尊重他人的人。再还有做事要认真，生活要节俭，对人要宽厚，这些美德，都是父母亲传递给我的。母亲不偏执，善于开导我，比如我在业余体校和孔庆霞打球，打输了，回家很不开心。母亲就对我说，这次没打赢，就学习她的长处，然后争取下次打赢。母亲的话就像一剂清凉油，我立刻就不急不躁不烦了，我后来良好的心理素质，来源于母亲最初的安慰和对我心态的指导。不久之后我参加湖北省业余少年儿童羽毛球比赛，获得冠军。力挫群雄之感，那是第一次。

萍萍啊，你要记住，莫要和人吵嘴。这是韩爱萍的母亲曾经常常教育她的话。这是一个善良的老人对待世界的态度。人善被人欺，当韩爱萍的母亲看见她的脾气太柔顺，又很担心。但是今天看来，韩爱萍的母亲的教育是成功的。即使13次世界冠军的光环加身，韩爱萍坚定地守住了朴素和谦和的质地，还有良好的修养，为人的真诚。

我和韩爱萍上一次见面，在武汉杂技厅，节目开演之前，她对我说，我就是一个普通人，我从来没有觉得自己有什么不普通。

我说，那么我们的遇见就是一个普通人对另一个“普通人”的打量。韩爱萍说，这就对了。她取出药片，打开保温杯吃药。她的身体里的疼痛和不适我无从感知。两个小时的杂技节目结束，我们在杂技厅门前道别，天上一轮好大的月亮，她对我说，我们各走各的，谁也别送谁。我走出十几步，回头看她，她站在原地打电话。夜里她在微信里问我回家是否顺利，她告诉我搭车很难，找来找去到底是把取水楼地铁站找到了。

为什么她在我的眼中是那个单纯柔顺的女子呢，那个童年少年时代在宿舍大院进进出出有礼有节的小女生，而不是横刀跃马的巾帼奇女子？

韩爱萍的母亲是三班倒，几乎没有时间照顾女儿，韩爱萍的父亲倒是照顾女儿多些。韩爱萍放学后就去厂里和父亲一起吃饭。父亲的工种属于高温作业，每月定量比常人要高些，常人是32斤，他是34斤。父亲总是让女儿多吃些，因为女儿傍晚放学后还要练球。韩爱萍的父亲1956年参加工作，到2006年退休，工资一直是数百元。后来国家实行社保制度，退休工资近两千元。这是武汉硚口一个最普通的工薪阶层家庭，必得节衣缩食才能把每一个月过下去。

我们萍萍是要读书考大学的，我们萍萍不能去打羽毛球。40多年后，韩爱萍的母亲重复着自己当年对陈福成老师大声说出的话。唯有读书高。这是平凡的硚口老百姓们不屈的理想。陈福成的爱人也在玻璃仪器厂工作，她是中华人民共和国成立初期从越南回来的华侨，在武汉与陈老师相识，结婚，他们有两个儿子。

韩爱萍的母亲说，我们彼此之间都是认识的，所以我就给陈老师说萍萍不能去打球，也给陈老师的爱人说萍萍不能去打球。陈老师上门来说，韩爱萍是打羽毛球的好苗子，要好好培养，不然就可惜了，还要加强营养，最好家里能每天订牛奶。我就说，我们韩家两边都没有出个读书人，我们要萍萍成为读书人。

但是我们还是被陈老师感动了，说服了，就决定给萍萍订牛奶。孩子们把牛奶带到学校，陈老师就在锅炉房里一瓶一瓶地热牛奶，加一点白糖，看着孩子们喝下去。我们大人知道陈福成老师这样有责任心，都很感动。

在韩爱萍长达近20年的体育运动生涯里，每一次的赛事，韩爱萍的母亲都会尽量找来相关报道，剪贴到一个大本子上。《人民日报》《参考消息》《长江日报》《湖北日报》《武汉日报》……

大本子，如今在哪里呢？韩爱萍曾经对我说过，出国回国，搬家数次，已经不记得这个本子在哪里了。她说，不知为什么，从来就觉得这个并不重要，但这是母亲的心意，是可贵的，她若是知道大本子不知被我收拾到哪里去了，一定会不开心的，所以不让她知道。

韩爱萍的母亲安然坐着，就像大本子从来没有丢失过，岁月完好，她不知道自己女儿的身体状况。女儿每一周都是要来看望她一两次的，一起说话，吃东西，体体贴贴地待几个小时。

陈福成老师好造孽啊。韩爱萍的母亲说女儿进了省运动队后，因为种种原因，陈老师被安排去校办工厂做了一名沙发工人。那是20世纪70年代，校办工厂是“文革”产物。陈老师竟然干一行爱一行，沙发做得几好（武汉话很好的意思），做出来就能卖出去，陈老师还背了一个长沙发送到韩爱萍家里来。

韩爱萍说，这就是真正的工匠精神吧，不图名不为利，既能做一位优秀的羽毛球教练；又能在被安排去做工人后，成为一名最优秀的沙发工人。

我们笑出了泪花。陈福成老师1986年，50岁，不幸逝世。两个儿子，现一个在美国，一个在澳洲，都曾打过羽毛球。

我问韩爱萍的母亲，在养老院里，大家可知道您是世界冠军的母亲？

她说，我来到养老院这么久，从来没有说过女儿是谁，是做什么的，我觉得自己就是一个很普通的人。但是我的心里确实很满足，很欢喜，萍萍一开始打羽毛球我和她爸一起反对，担心她读不了书没有前途。后来她入省体委运动队，成为国家的人，迁户口，拿工资，我真高兴啊，萍萍有饭吃了，不用下放农村了。到了80年代，萍萍开始有能力贴补家里，洗衣机冰箱彩电空调，每次回国就往家里搬东西，我和她爸爸舍不得用空调，放在床底下好几年。萍萍还给家里买了一个很漂亮的外国的木头座钟，给她爸爸买了机械手表。她爸爸也是一个很容易满足的人，舍得下力气把事情做好，对自己却很马虎，这一点和陈福成老师是一样的。

结束了对韩爱萍的母亲的采访，三个人在我的心里鲜活着，令人心疼，需以致敬——韩爱萍的父亲和母亲，还有韩爱萍的启蒙教练陈福成。我将在下一章节里写一写这位令人追思难忘的坚毅好人，是如何训练小小羽毛球手的。

8 恩师

陈福成老师的妻子名叫欧蔼仙，生在越南，中华人民共和国成立初期响应号召回到祖国，在武汉遇见新加坡归来、后在湖北艺术学院附中毕业的陈福成。

46年后，韩爱萍深情地回忆，10岁的自己看见陈福成老师的妻子在家里糊火柴盒，补贴家用，她那时就心想，糊火柴盒只能赚很少的钱，又可以补贴多少家用呢？

但是师母总是认真地糊火柴盒，白天去武汉玻璃仪器厂做工，回家来不仅要做家务带孩子，还要帮着丈夫修补羽毛球拍、做煤油灯……成为大通巷小学校羽毛球队的编外老师。

欧蔼仙有胆结石，发作起来非常疼痛，这时候很希望身边有人端水拿药照顾一下自己，但陈福成每天绝大部分的精力就是和羽毛球队的孩子们在一起。

欧蔼仙也已去世多年，若她在世，问她是否后悔嫁给不顾家的陈福成，她会怎么说？她一定是淡然一笑，甚至觉得陈福成就是一个倔强单纯傻气的大孩子吧。

韩爱萍童年清亮的眼睛，落在恩师一家人的身上。陈福成有两个儿子，也曾跟着父亲打羽毛球。当父亲在大通巷小学选拔出有体育天分的孩子，组建起羽毛球队后，父亲便把心思全部放在了这几十个孩子的羽毛球培养上，几乎不再和两个儿子打球了。

清晨5点半，羽毛球队的孩子们比其他同学早起一两个小时；6点钟，在陈老师的带领下跑早操；下午3点放学，陈老师把教室的桌子板凳全部堆到一边，腾出场地，训练孩子们打球。

▲20世纪70年代，大通巷小学羽毛球队

20世纪70年代资源紧张，供电有时限，天昏暗下来，陈老师就点上妻子用墨水瓶自制的煤油灯。

孩子们最初的训练是在学校角落的一间杂物屋里，房子正中的横梁上吊一个羽毛球，高度是孩子挥拍能够打到的那个点，先练握拍，挥拍，然后是连贯的动作，不断地挥，不断地打横梁上吊下来的那个球，光这个挥拍的动

▲大通巷小学羽毛球队队员在训练

▲大通巷小学羽毛球队队员在训练

作，孩子们就练习了几个月。有一个孩子打球总是挺着小腹，陈老师便在一旁用绳子拉住他的腹部，令他一遍遍做挥拍、打球、转身的动作，直到他的腹部自然而然地收起。

每天的训练很辛苦，有时候孩子们会睡过头，大人又舍不得5点半钟叫醒孩子，迟到的孩子就会大哭大闹，因为不仅耽误了训练，而且会挨严厉的陈老师的训。大人看见孩子这么认真，渐渐也觉得这是一件需要严肃对待的事。

大通巷小学羽毛球队竟然为省羽毛球队输送了20多名队员，他们都是陈老师挑选出来、训练出来的孩子。韩爱萍，田秉毅，杨克森，尚福梅，林书

▲大通巷小学羽毛球队队员在训练

惠，孙冰等，又接连进入国家队。陈福成拉起来的大通巷小学羽毛球队在20世纪80年代中期声名远扬，红透武汉，堪称传奇。

1974年，12岁的韩爱萍，在跟着陈老师学了两年的羽毛球后，进入业余体校。

以小打大，却不怯场，这是舒金兰对韩爱萍的评价。这种自信和坦然的心理素质正是因为拥有出众的基本功而建立起来的。

▲世界冠军韩爱萍（左一）和田秉毅（右一）合影

韩爱萍说，陈福成老师没有把学校羽毛球队当成业余兴趣来做，而是用专业的态度来对待，这也激发了我们对羽毛球的热爱，才有了全身心投入的训练状态。不是专业堪比专业。

每天下午3点放学后，用15分钟赶到业校，业校会给正式队员每月6元津贴，还发些饼干、蛋糕等，这是球员享受到的福利。他们已经觉得自己是小大人了。

韩爱萍说，陈老师并没有放下孩子们，他身兼业余体校的助理教练职务，会陪着我们去业校，看我们打球，随时做指导。业校的条件就正式多了，有一片羽毛球场地，我们每天练习发球，平抽，高球，扣杀。有一天，天气非常热，练球后陈老师带我们去体校的游泳馆游泳。我们都不会游，做狗刨的动作玩水，当时快乐的心情至今难忘。业余体校有羽毛球赛事的时候，陈老师就陪我们一起看，边看边做讲解和指导。现在想来，他甚至就是我们领头的那个大孩子——曾经在家长和旁人眼中的散兵游勇、业余组建的羽毛球队，竟然用两年的时间就见了成绩，就是正规军了。

其实有很多羽毛球队员害怕他，甚至曾经恨过他。因为他要求严格，脾气又火爆，声色俱厉。但是多年以后，队员们都已是而立之年的人了，在一起回忆陈福成老师，大家全都那么理解他，感谢他，没有一个人恨他。因为他不为名，也得不到任何利，付出了全部的心血培养球手，他的严厉只有一个祈愿：培养出优秀的羽毛球运动员，为国增光。

国家那么大，陈福成只是武汉硚口区一所小学的体育教师，他却有雄心用自己的一生做一件光大中国体坛的事，可谓前无古人，后无来者。

谁也没有想到，他做到了！

然而他的命运多舛，50岁就离开了这个让他又爱又叹的人世。回顾往昔：20世纪60年代末，陈福成老师成立羽毛球队，两三年后，当一大批小球手被选拔到省队，陈福成老师却因为时代原因，去了校办工厂，做一名沙发工人。后来不幸得了鼻咽癌。临终前，他请妻子埋葬他的时候为他放一副羽毛球拍、一个羽毛球。他走了，唯一留下的是医院的一大笔欠款。

韩爱萍说，我是属于运气很好的运动员，因为我出生的家庭没有运动氛围，我对自身的体育天分难以有认知，而陈福成老师发现了我，坚定了我的羽毛球道路。我们的训练是艰苦的，我们吃苦耐劳的精神是那个时代特有的产物。陈老师常教导我们的是：不要急于求成，不能急功近利，认准了一件事就去做，把眼前的事做好，至于结果，水到渠成，该怎样就会怎样。我的父亲也这样告诉我：要做一件事，就把它做好。

陈老师铮铮铁骨，内里耿直，认准了一个理，就是要培养出最好的羽毛球队员。

但是，这样的人难道不正是令人永生难忘的吗？这样的人多一些，这个世界的正气才会常存弥新。

1978年，在全国羽毛球训练工作会上陈福成是受表彰的业余教练之一；同年，被湖北省体委批准为国家一级羽毛球裁判。1978年6月，在秦皇岛召开的全国羽毛球训练工作会议上，为全国8个受表彰的羽毛球业余教练之一。1982年在武汉展览馆举办的“中华体育之光”展览上，展出其先进事迹。

1985年，《体育报》以《左撇子启蒙教师》为题详细报道了他在身患鼻咽癌、左手不能抬起的情况下，改用右手挥拍训练队员的刻意进取、献身羽毛球事业的事迹。同年，世界冠军韩爱萍、田秉毅返回母校，看望启蒙老师。

1986年，陈福成被国家体委评为传统项目学校优秀教练。1986年初秋的一天，这一天正是教师节，陈福成老师去世。

韩爱萍说，我这一生拥有的第一只球拍，就是陈福成老师所赠。

9 伉俪

郭鸣，中等个头，帅气精干，言语犀利的同时是款款君子风度，是一个智慧而理性的人。他比韩爱萍大1岁。他们1986年6月相识，1989年6月成婚。韩爱萍说，那个年代的人非常传统，我们的意识里就是如果见了面，彼此有好感，愿意进一步交往，同时对方也没有什么不合适的地方，那就一定

▲1987年，韩爱萍（左一）与郭鸣（右一）合影

是要往结婚去的，而且结了婚就一定是过一辈子！

2019年，他们俩结婚30周年。

2018年11月7日，立冬，大雨，韩爱萍和郭鸣、湖北省体育局戴成宝女士，我们在武昌楚河汉街一家日本料理店小聚。茫茫江上冷雨和热腾腾的寿喜锅形成鲜明对比，人间至暖是懂得和相惜。前一天，韩爱萍在微信上给我留言：通过前一段时间的靶向和化疗相结合治疗，病灶缩小，证明治疗有效，所以请你放心……我12月中旬后要去澳大利亚看望两个女儿……

戴成宝是湖北省体育局人事处的副处长，更是韩爱萍2002年年底从澳大利亚回国后交往的挚友之一。

戴成宝说，我曾经是一名网球运动员，20世纪70年代的网球训练是在汉口体育馆，而羽毛球运动员当年都在武昌体育场。2003年年底我在武昌体育场工作，直接为湖北省乒羽中心服务，比韩爱萍来机关晚一年。我很早就知道韩爱萍的名字，并为她的事迹所感动。她是励志型的运动员。我们是同龄人，更能感同身受运动员生涯里的百般滋味。韩爱萍回国后在省体育局群众体育处任副处长，我们成为了同事，也顺其自然成为了好朋友。

戴成宝的父母亲都是地道的老上海人，20世纪50年代随苏联专家一起来到武汉援建。戴成宝出生在武昌。她的身上保留着上海女子的温婉和精致，一言一行都传递出老派的古典美。她的身姿颀长，小圆脸，细腻洁白的肤色，乌黑的头发，声音甜美，略略有点嗲，和韩爱萍的外向朴素憨直相比，是截然不同的另一种女子，但是灵魂的吸引力是超脱于外相的。老朋友见面的愉快和放松，亲切和珍惜，我这个旁观者感知到了。

韩爱萍起身出去的时候，戴成宝低声对我说，韩爱萍现在的身体状况，与她当体育运动员透支体力有太大关系。郭鸣一直在她的身边帮助她支持她，所有的压力郭鸣都扛着。

我听得懂这句话的深意。积极的治疗和乐观的态度，是帮助病人建立起信心的必要支柱。郭鸣先生，他的头发已全白，他坚毅的面庞，他和爱妻韩爱萍达成的对人生顺流逆流的淡然态度，都令我心里猛地一潸然。

湖北作家、茅盾文学奖获得者刘醒龙先生有一句名言：我们要和自己的命运好好相处，命运也是一种自然而然的过程。

2015年年底，韩爱萍的身体经常出现不适，胸闷、背部疼痛。由于当过运动员，三十几岁开始就落下一身伤病，所以她并没有太在意。肩抬不起来，疼痛难忍，以为是“五十肩”，治疗了几个疗程也不见好转。到了2016年，一个不正常的指标出现了，转氨酶偏高——正常值是0u/L～40u/L，韩爱萍的到了300u/L，医生叫她马上住院治疗。她说，我不能住院，我马上要去北京参加全国政协会。医生说，不能再耽误了，得先把转氨酶降下来。这样在医院治疗了十天左右才去开会，指标依然不正常。

会议结束后回到武汉，省人民医院建议她转诊到同济或协和医院看免疫科。到同济后，做了各种检查，从CT检查结果看，怀疑是肿瘤。当时医生不能确诊，建议做PET-CT。她听后还有点不以为意，做什么PET-CT，是不是过度医疗？她不是太积极，过两天，医生跟郭鸣好好地谈了一下她的身体情况和检查报告，要确诊必须做PET-CT和活检。54岁生日那一天，查出是肺癌IV期，而且有多处转移，当时，她一下子懵了，完全不相信这个结果，我不是好好的吗？是不是搞错了？我还这么年轻！怎么会是这样？为什么会得癌？为什么是我？难道这就是我的“生日礼物”？

2016年对韩爱萍来说是一个灾年，4月初她的父亲去世，办完丧事被查出肺部有问题，在做淋巴活检时出现了意外，把乳糜管搞破了，结果淋巴缝合后，乳糜液一直往外流，要不停地换衣服，最多时达到1000多毫升。

韩爱萍说，郭鸣在得知我患癌症后，不仅要面对这突如其来的打击，还要想办法找到专家、得到指点，查找相关癌症的资料，用微信的形式发给我看，安慰我，目的就是让我不要害怕，他总是肯定地说，现在医学发达了，会有很多治疗的方法和手段。他的体贴和陪伴，果然化解了我最初沉重的心理负担，我决定用平常心面对每一天。

父亲的去世让我学会理性面对人生，人都会有生老病死，我也不例外！想着两个女儿逐渐长大成人，我很欣慰，甚至我都觉得现在我就可以放心地走了……在治疗期间，各种药物的反应接踵而来，让人应接不暇，白细胞、血小板下降，起红疹，等等。因为没有遇见过，难免有些小紧张，特别是前几次，遇到深更半夜腿部突然疼痛，像是抽筋，内紧外松，脚没知觉，不能着地，我只好躺在床上不敢动，屏住呼吸，让它疼，20分钟后疼痛才慢慢过去。过了两天，同样的疼痛又出现了，我只好深更半夜叫醒爱人，开着车子到协和医院看急诊，一直折腾到天亮，后来才知道这些都是药物引起的副作用。

韩爱萍说，我的所有事情郭鸣都会替我操心。

韩爱萍24岁时经朋友介绍认识郭鸣。她在当年对未来的另一半有着怎样的憧憬呢？她说，首先，这个人得有文化，我12岁进省体委运动队，文化课比同龄人上得少，我喜欢有学问的人。其次，这个人要热爱体育，我们才会有共同语言。第三，他要热爱思考，可以帮助我成长。

郭鸣，是创建于1931年、1954年被确定为湖北省首批重点中学的武汉市一中的毕业生，1979年考取华中师范大学体育系，1983年毕业留校担任体育保健学助教。在1986年初的某天，有人对留校担任助教的25岁的郭鸣说，给你介绍一个女朋友吧，是世界羽毛球冠军，咱们武汉的女儿。

这一天，有人对在北京国家体委做羽毛球运动员的24岁的韩爱萍说，给你介绍一个男朋友吧，是堂堂大学老师哦，也是咱们体育行业的人。

但是他们在知道世界上有这么一个人的存在的最初的时光里，韩爱萍国际国内赛事繁忙，两人总是很难见到。1986年春节前夕，韩爱萍在雪花漫天的北京收到陌生人郭鸣手书的贺年卡。

我问韩爱萍，卡片还在吗？

早就不知道去哪里了。韩爱萍开怀大笑。

我又问，卡片上写的什么？

早就忘记了。韩爱萍的大笑天真极了，可爱极了。

我们不难想象，那张卡片上郭鸣会这样写：韩爱萍同志，祝福您新年快乐！身体健康！万事如意！

2018年10月28日，我去常腾街的江汉老人公寓采访生活在这里的韩爱萍的母亲和婆婆。韩爱萍的婆婆退休前是武汉中心医院的一名护士长，面容严肃，说话讲究用词并精短，手放在膝盖上，肩膀端正，很有大家闺秀风度，她的名字叫胡粤菁，湖北天门人。老人对韩爱萍的评价是：萍萍没有世界冠军的架子，平易近人，大家都喜欢她。

郭鸣的父亲名叫郭殿权，辽宁抚顺人，青年时代是鞍钢的一名工程地质专业工程师。武钢是中华人民共和国成立后兴建的第一个特大型综合性钢铁企业，落址选择武汉东郊的青山区，国家冶金部将东北鞍钢等地的一些专业技术人员调往武汉成立冶金部武汉勘察设计院。郭殿权就这样来到武汉援建武钢，他后来又调到武汉市勘测设计研究院（现为武汉市测绘研究院）从事城市勘察工作，是一位专家型副院长。他曾主持组织了武汉天河机场、武汉东湖新技术开发区、武汉经济技术开发区等重大项目的前期勘察工作。他们的家在老汉口江岸区南京路和铭新街交会处的宏春里。韩爱萍的婆婆说，我们是真正的老汉口人。言语里透着对这座古老城市的信赖和骄傲。他们家有3个孩子，全都在1978年、1979年、1980年考上大学。郭鸣是老二。郭鸣和韩爱萍处朋友后，他们全家开始关心国内外羽毛球赛事。

韩爱萍的婆婆说，一开始我们也有担心，怕世界冠军太骄傲不好相处。

韩爱萍顽皮地把话接过来说，一开始我爸爸妈妈也有担心，怕我将来世界冠军的光环没有了，不被人好好相待。

韩爱萍性格非常直爽，就像她的老师陈福成，一生耿直。今天，我们说到中华人民共和国成立以来羽毛球事业的辉煌，无法绕过陈福成老师的付出。坚守住自己的理想和操守，才是无怨无悔的一生——这个道理有些人在青年甚至少年时代就很清楚了。

韩爱萍和郭鸣第一次的见面——那是一个怎样热血沸腾的他们的盛世！1986年6月，郭鸣出差，结束公务后得知韩爱萍要在福州体育馆打比赛：首届中国羽毛球公开赛女单决赛，韩爱萍vs李玲蔚。于是郭鸣决定暂不回武汉，绕道赶赴福州，去见韩爱萍！

史料记载：中国羽毛球公开赛是由世界羽联组织的五大顶级赛事之一，1986年首届赛事在中国福州举办，至2018年已成功举办了30届。2007年，世界羽联推出级别仅次于奥运会、汤尤杯、苏迪曼杯以及世锦赛的超级系列赛，中国公开赛被列为超级系列赛十二站中的重要一站，其成绩计入世界排名和奥运参赛积分，总奖金高达25万美元，每届比赛均吸引到当今世界羽坛众多的顶尖高手前来参赛。中国选手在1987年、1995年和2001年的中国公开赛上曾包揽全部冠军，这也是我国选手在历届中国公开赛中取得的最佳战绩。

抵达福州体育馆，发现票已卖完，郭鸣没办法进场，只好打电话给韩爱萍，他们就这样相见了。

当年的《体育时报》是这样报道的：韩爱萍今晚的表现神乎其技，以往与她势均力敌的李玲蔚纵使使出浑身解数，也抵挡不住韩爱萍变幻莫测的轻吊重杀败下阵来。颁奖仪式上，国际羽联主席尼尔森说，韩小姐，你今天发挥了一百二十分的水平，我从未看过如此精彩的球。

韩爱萍当时粲然一笑，她知道这个金杯里带有爱情色彩。而坐在观众席上的郭鸣，给她的分数远远超过一百二十分。

体坛媒体如是总结这次比赛中的韩爱萍：韩爱萍于1962年出生于中国湖北武汉市。她在15岁时就在首次参加的全国羽毛球锦标赛上打败了许多成名老将夺得亚军，其过人天赋显露无遗。1979年，刚满17岁的韩爱萍就夺得第2届世界羽毛球锦标赛冠军，成为当年国际羽坛“最为闪亮的明星”。1980年，韩爱萍因患“甲状腺功能亢进”被迫离开赛场长达两年。从1982年9月复出后，韩爱萍取得了令人难以置信的一连串胜利。她是1985年第4届世界羽毛球锦标赛单打冠军和双打冠军。在1986年的首届中国羽毛球公开赛上，创造了“李韩时代”的两名中国选手进入最后决赛，经过激烈拼搏，最终韩爱萍险胜李玲蔚，夺得了中国公开赛第一枚女单冠军金牌。

韩爱萍说，郭鸣能够给我理论上的指导，经常举例来启发和帮助我，我们在一起的近30年几乎每天都有沟通，他是我精神成长的见证人。他的性格容易上火，但为人正直善良，所以我们之间就算有小吵小闹，也丝毫不影响感情，或者这些坦荡的吵闹反而加深了我们互相的懂得和珍惜。

国家体委1988年8月决定韩爱萍在国家羽毛球队的身份是运动员兼教练。于是协调将郭鸣从华中师大借调到北京体育师范学院当老师。韩爱萍感到自己一个更高的理想就要实现了，那就是为祖国培养出新一代羽毛球世界冠军，要做陈福成老师那样的好教练，她有信心。

1989年，韩爱萍、郭鸣结婚。同年年底，韩爱萍因确诊为身体过度疲劳向羽毛球队申请退役，希望开始正式的教练工作。但是，事与愿违，韩爱萍突然接到通知：退役回湖北省体委。没有原因，没有解释，同样是一张白纸黑字，可以叫你留，也可以叫你走。这一刻，韩爱萍才真正理解老运动员所说的不听话就走人。没有欢送会，夫妻俩接到通知后，默默收拾行李，去火车站，告别北京。

关于羽毛球成为奥运会比赛项目：1988年，羽毛球只是被列为汉城奥运会的表演项目。1992年巴塞罗那奥运会上羽毛球有史以来第一次被列为正式比赛项目，设男单、女单、双打4块金牌（关渭贞、农群华获得该年女双比赛的银牌）。在1996年亚特兰大奥运会上，增设了混合双打比赛项目，使奥运会羽毛球项目金牌总数增至5块。

再回到1989年年底到1990年年初的绵长光阴，正踌躇满志要在北京开始新生活的韩爱萍突然接到通知：退役回湖北省体委。

1990年年初，郭鸣只身远赴澳大利亚留学，攻读体育健康学的硕士学位。韩爱萍在1990年应日本前世界冠军德田敦子的邀请，到日本WACOM公司羽毛球俱乐部讲学。

德田敦子既是这家公司的监督，又是日本羽协奥运强化委员会的负责人，他们正在备战奥运会。德田敦子向公司推荐了韩爱萍。公司遂邀请世界冠军韩爱萍去讲学。

1991年韩爱萍去了日本三得利公司，任教两年半，所负责训练的女队中有6人入选日本的国家队。老队友丁其庆此时已从日本龙谷大学毕业，也来到三得利公司担任教练。

丁其庆在国家队时和李永波搭档打双打，获得过1985年德国公开赛和瑞典公开赛男双冠军。1986年，24岁的丁其庆作为中国队成员获得汤姆斯杯冠军。2016年里约奥运会，丁其庆带出的高桥礼华、松友美佐纪组合，一路杀入决赛，在决胜局16：19落后的情况下也不慌张，凭借着默契攻势逆转丹麦对手摘得金牌，这也是日本奥运会历史上首枚羽毛球金牌。

2002年年底，韩爱萍、郭鸣夫妇经历了12年异国生活，变卖澳大利亚墨尔本的房产，举家搬回武汉，她说出了她的理想：我要为祖国培养出羽毛球奥运会冠军、世锦赛冠军！

韩爱萍和郭鸣，命中注定的两片一模一样的树叶，遇见，相守，分离，经过青年时代跌宕起伏的命运，他们终会来到一个屋檐下，并肩生活；而命运充满的未知性，总是一次次降临。

▲20世纪90年代初，韩爱萍（左一）和德田敦子（右一）合影

10 归来

上海人的后代戴成宝女士，悠悠回思韩爱萍2002年年底回来，回到祖国，回到大武汉的一幕幕往事。

2002年12月6日，《中国体育报》新闻：羽坛宿将韩爱萍归国执教。记者缪晖报道：

曾经13次夺得世界大赛冠军的前中国羽坛名将韩爱萍近日举家归国，接过湖北羽毛球女队主教练教鞭。现年40岁的湖北籍羽毛球名将韩爱萍曾为中国羽毛球事业写下辉煌一页，从1979年起，在10年时间内共夺得13次世界大赛冠军，1985年曾被国际羽毛球界称为“韩爱萍年”。1990年退役后，韩爱萍应邀到日本WACOM公司讲学，在三得利公司女子羽毛球队执教，1994年旅居澳大利亚，创建了韩爱萍羽毛球学校，为两国培养了多名全国冠军，但她始终对未能培养出世界级选手深感遗憾……她带着7岁多和5岁的两个女儿先期回国，已开始带队训练，而丈夫在澳洲卖掉房子、车子后也马上回到武汉。湖北体育界和羽毛球界对韩爱萍的归来表示热烈欢迎，省体育局党组专门开会研究决定：任命韩爱萍为湖北羽毛球女队主教练，全面负责女队教练工作。

戴成宝说，韩爱萍的回归带给湖北体育界一场绿色的大风。这话怎么讲呢？她提出了“公平机制”四个字的管理理论。她说，球队是一个团队，不能单打独斗，不能忽视除冠军苗子之外其他孩子的付出。那就要从四个方面入手，来健全机制，一是医务室伤病档案的建立；二是给运动员创造读书的机会；三是必须了解每一个运动员的家庭情况，予以有效帮助；四是提前预想好每一个运动员的未来，给他们安全和尊重。

为了训练方便，更多地了解运动员所思所想，韩爱萍全家住进了运动员宿舍，一间10多平方米的小套间。由于刚接手运动队，队里的事情千头万绪，完全没有时间照顾两个孩子，干脆把女儿们都送出去。为了韩爱萍能够专注地做好教练工作，孔庆霞接过了照顾韩爱萍长女的生活的担子，小女儿被送到郭鸣的姐姐家。

后顾之忧全部解决后，韩爱萍住在运动队宿舍，吃在运动队食堂。早晨6点出操，早饭后训练3个小时，午休后训练一个下午，晚上查房，了解运动员思想状况。一天又一天就这么连轴转着，韩爱萍发现有诸多问题要解决，她决定迎难而上。

在工作大会上她强调：一是教练和家长要有距离的交往：二是教学仪态，教练在训练时要站着上课，经常走动，发现问题并及时指出，用自己的激情和活力去感动运动员完成好训练课；三是为年轻的运动员寻找学习的机会。

韩爱萍说，讲究公平，是我坚持的待人对事的准则；对待重点运动员和非重点运动员必须一视同仁。我常常对运动员说，重大赛事上场的机会不仅看你的成绩，也看你的表现，表现好就有上场的机会。德和才都要有，我们不能只注重一个人的才，而忽视一个人的德。

韩爱萍回国执教的时候40岁整，她像姐姐，又像妈妈，做起了湖北省羽毛球队运动员们的领头羊。这多像20世纪六七十年代，新加坡归来的陈福成老师在硚口大通巷小学拉起羽毛球队伍。这个队伍的领头羊充满了抱负，信心，斗志，正气，恒心。

回国后就投入了繁忙劳累的教练工作中，韩爱萍万万没有想到，她的言行举止并不被一些人理解。

省体育局的领导肖爱山在大会上表扬了韩爱萍的理念和行动。多年后，在苍茫江上冷雨落的这一天，韩爱萍对我说：多么苕（武汉话傻气的意思），我就想既然作为特殊人才被引进回来，我就应该一门心思一心公正地培养出真正的优秀运动员，这样才对得起湖北人民对我的信任和热爱。我的许多好的愿望和好的想法，很轻易地就被阻力困住了，并没有完全得以实现。如果没有公平机制，我的人才从哪里来？我只想要一个好的机制。

为实现培养奥运冠军夙愿

韩爱平回湖北任教

本报讯 记者叶华报道：在昨日举行的欢迎韩爱平女士归国执教座谈会上，韩爱平敞开了心扉："回到湖北，就是要在我成长过的地方实现培养奥运冠军的夙愿。"

在韩爱平运动生涯中，她总共获得过13个世界冠军，是我国羽毛球选手中最有成就的运动员。1990年退役后，她先后在日本、澳大利亚生活和奋斗了12年。她处在运动巅峰时，羽毛球未列入奥运会正式项目，因此，培养出能够登上奥运会领奖台的选手，成为她毕生追求。

多年来，韩爱平一直心系湖北羽毛球运动的发展，悉尼奥运会期间，她对湖北籍选手高凌、吉新鹏关怀备至，湖北选手最终取得奥运冠军，韩爱平高兴不已。萌生回国执教念头后，她几番和省体育局、首义路体育培训中心联系，一心要为湖北培养出奥运女单冠军的愿望情真意切。

韩爱平是11月1日回国的，回国后，她便一头扎进训练馆，用她高度的敬业精神感染球员，训练中严格要求，生活中和球员交朋友，短短几天，球员们的精神面貌焕然一新。省体育局局长肖爱山深有感触地说，如果有更多像韩爱平这样的教练，我省竞技体育一定是春意盎然。

尽管韩爱平对全省羽毛球后备人才的质量并不满意，但她仍信心十足地表示，在各方支持下，自己一定能完成培养奥运会冠军的目标。

特殊人才特殊待遇

省体育局为韩爱平执教开绿灯

本报讯 记者叶华报道：收到韩爱平要回省执教的传真件后，省体育局党组专门召开会议，对她一心要重铸湖北羽毛球辉煌的拳拳之心大加赞赏，表示将为她实现培养奥运冠军的目标大开绿灯。

省体育局局长肖爱山在评价韩爱平回国执教一事时，称她回到湖北是2002年我省体育界第一大事。肖爱山对她培养奥运会女单冠军的能力深信不疑。肖爱山表示，要将韩爱平作为特殊人才对待，对她实行年薪制，在工作、生活中尽全力满足韩爱平的需要。

首义路体育培训中心负责人吴继鹏表示，中心后勤将从此围绕训练转，一改以前在后勤服务上的不合理制度；保证羽毛球重点项目的所有经费，加强羽毛球运动员的文化学习，为羽毛球队配备电脑等教学设备，以使羽毛球队及时了解当今世界羽毛球运动发展最新动向；加强羽毛球项目的科学训练；及时为运动队训练排忧解难，保证省体育局对羽毛球队的各项政策落实到位。

"我为什么要回来？"

——访韩爱平

韩爱平回来了！

著名羽毛球运动员韩爱平从澳大利亚回到湖北。昨天，记者采访了已经在省羽毛球队上任的韩爱平，她向记者袒露了自己为何要归国执教的心路历程。

韩爱平说："当悉尼申办奥运会成功后，怀着培养奥运冠军的理想，我去了澳洲。但是令人失望的是澳洲羽毛球运动仍停留在普及阶段，在这种情况下，要想培养优秀运动员是不可能的，我常常为自己的理想无法实现而苦恼。"

尽管在澳洲有汽车、洋房，但韩爱平仍念念不忘自己钟爱的羽毛球，她说自己尽管拿过13个世界冠军，但退役十多年竟没有培养出一个世界冠军，这不能不说是最大遗憾。后来，她从网上了解了湖北体育事业的迅猛发展，随着北京申奥成功，她想，报效祖国的时机到了，于是，她萌生了回国执教、为湖北培养世界冠军的念头。

当她决定回国后，有人邀请她到沿海地区去发展，但韩爱平表示："是湖北养育和培养了我，再说，羽毛球是省委、省政府和省体育局的重点项目，所以回湖北是我的首选。"

经过与省体育局领导的沟通，11月1日，韩爱平向首义路体育培训中心发来传真，传真中谈到了她执教的目标："为国家培养和输送一批女单和女双奥运会选手，带领湖北女子羽毛球队夺取全运会团体、女单和女双金牌。"为此目标，她还制定了近期、中期和长期工作目标。

▲2002年，《湖北日报》报导韩爱萍回湖北任教

韩爱萍说的公平有两个方面：一是给予每一个运动员的公正待遇；二是如何帮助一个热爱运动的孩子实现文化和体育共同发展。那么韩爱萍的公平里有两个涵义：尊重和全面。

2005年2月，《中国体育报》报道了韩爱萍归来后的思索。题目为：韩爱萍，寻找更激发活力的体制。

韩爱萍对记者说：我们国家羽毛球训练有世界上最先进的地方，也有不足之处。我是2002年11月回国的，按领导部署，让我重点负责女子一队，但我一直对二线、三线尤其是青少年训练，也就是后备人才培养方面颇为关注，少年阶段的训练抓得好坏，将直接影响到高水平运动员的成长和羽毛球

运动的发展。我是17岁夺得世界冠军的，当然年代不同，但原因之一是我们那时接触羽毛球早，投入比较多。现在虽然训练人数和训练点比以前增加了，但是随着社会和经济的发展，孩子们的训练需求也在向多方面发展，家长的愿望也呈多样化，这就要求我们在体制上能适应社会需要，有所创新。

体制的问题，韩爱萍在交谈中多次讲到，看得出是她近来经常思考的问题，因为她常把在国外的实践进行对比。她说：我在澳大利亚时，有的孩子也只10来岁，却能早上四五点钟就起床，去送牛奶、送报纸，用打工挣来的钱支付训练的费用，这是因为他们喜欢这项运动，愿意付出。同时他们的学习也没耽误，在这一过程中，提高了他们的综合能力和素质，所以在国外，不少球打得好的孩子学习也好，个人能力也强。前两天，我遇到回省探亲的前中国跳水队副总教练于芬，她现在在清华大学跳水俱乐部带一帮孩子训练，说这些孩子懂事，学习也不错，训练时间虽然不长，但由于自觉性较强，理解能力强，所以效率高，现在练5个小时也许比以前练10个小时效果还好，这可能就是清华大学的这种体教结合模式带来的活力。

现在我们的业余训练应该满足社会上的各种需求，如有的家长送孩子练羽毛球是出于兴趣，是想学一技之长，一种锻炼方法或是仅仅起到健身目的，也有些是想攀高峰当冠军的，可最终能达到这个顶点的毕竟是少数。我在澳大利亚俱乐部执教时，对各种需求都要满足，有的孩子一天练1小时，可以；练2小时，也可以；一周练1次，可以；天天来，也可以。在这种普及中，发现有天赋的，个人又特别有兴趣的，就多给一些指导，鼓励他接受高一级的训练，但这也是在自觉的基础上，所以自觉性和兴趣在国外训练中是前提和基础。而要达到这一步，就必须有一个平台，一个好的模式，所以我认为“体教结合”是一条可探讨尝试之路。

韩爱萍的人才观：激情和热爱是最好的动力，冠军的苗子一定具备这种动力，所以我们要用慧眼敏于发现千里马。

苕吗？一点儿也不。

硚口还出了一位羽毛球世界冠军，叫韩晶娜。韩晶娜生于1975年，获得过1993年中国羽毛球公开赛女子单打第1名、1995年世锦赛第2名、1996年亚特兰大奥运会羽毛球比赛女子单打第7名、1998年在香港举行的第17届“尤

韩爱平曾13次夺取世界冠军，在国外执教12年，尽管有多次“改变身份”的机会，她依然怀揣一本中国护照，并且说服了丈夫，带上女儿，卖掉别墅，义无反顾地回来了，心中的一个愿望仍没有熄灭。希望——

圆一个奥运金牌梦

▲2002年，《中国体育报》报导韩爱萍回国任教

荣誉证书

韩爱平同志：

在第十届全国运动上，成绩突出，为全省竞技体育事业发展作出了贡献。

特发此证，以资鼓励。

北省人民政府

二〇〇五年十一月四日

▲韩爱萍所获荣誉证书

▲2005年，高崚（右一）和魏轶力（左一）在全国十运会上获奖合影

伯杯”羽毛球比赛团体世界冠军等成绩。1999年退役后，她被公派英国某俱乐部做教练。2002年韩爱萍从澳洲回湖北，担任省羽毛球队主教练，她邀请韩晶娜做助理教练。当时韩晶娜刚从英国回来。

2002年年末到2006年，韩爱萍和韩晶娜共事于湖北省羽毛球队。

韩爱萍在湖北省做女队主教练时给自己定了三个近期目标：一是完成全运会金牌任务；二是输送运动员到国家队；三是省队梯队建设。

2005年全国十运会，羽毛球女双决赛在江苏昆山开战。杨维、张洁雯，高崚、魏轶力四位国手在决赛中相遇。最终，湖北组合高崚、魏轶力直落两局击败集奥运、世锦赛冠军于一身的广东选手杨维、张洁雯，从而为湖北队夺得一枚宝贵的金牌。

后来，韩晶娜在省体育局和韩爱萍的举荐下于2005年到国家青年队做教练，2008—2016年任国家女二队教练。

付出终有回报，在韩爱萍任教练组组长期间，湖北羽毛球队在国际重大比赛中共获8个冠军、5个亚军、1个季军、1个第四名；在国内比赛中获全运会第一名1个、全国锦标赛第二名1个以及全国锦标赛和全国冠军赛第三名4个、第四名2个。不仅如此，在面临湖北省羽毛球运动员青黄不接、尖子不尖的情况下，韩爱萍大力推进省队梯队建设，挖掘、培养新人，并先后将赵芸蕾、王晓理、李雯等输送到国家青年队。后来，赵云蕾、王晓理在世界羽坛绽放光芒。

赵芸蕾，1986年出生于湖北省宜昌市，2004年，入选国家羽毛球队二队。2010年全英赛、广州亚运会和世界羽联超级系列赛总决赛混双冠军。2011年伦敦世锦赛混双冠军。2012年伦敦奥运会女子双打、混双冠军。2014年哥本哈根世锦赛混双冠军。2014年世界羽联各项年度最佳颁奖典礼在阿联酋的迪拜举行，双打名将赵芸蕾盖过3位国羽金花，首度荣膺女子最佳。2015年雅加达世锦赛混双冠军。2016年里约奥运会混双季军。她是羽毛球界集奥运会、世锦赛、亚运会、亚锦赛、全英赛及世界羽联超级系列赛总决赛冠军于一身的大满贯运动员。2016年退役，现为湖北省乒羽中心副主任、湖北省羽毛球协会主席。

王晓理，1988年生于湖北武汉市。5岁起就被送到体工队跟随教练孔庆霞开始学打羽毛球。2005年，入选国家羽毛球队二队。2006年，王晓理参加世界青年羽毛球锦标赛，夺得女双冠军及混合团体亚军。2010年11月，王晓理代表中国出战广州亚运会，参加羽毛球比赛的女子双打及团体项目，夺得一金一银的佳绩。至2015年退役，10年国家队，她和马晋、和于洋的组合已经登上了世界第一。王晓理拿下了世锦赛女双季军，马来西亚公开赛、法国公开赛、日本公开赛和中国香港公开赛4站超级赛的女双冠军，尤伯杯冠军，苏迪曼杯冠军，与同龄的国外对手相比，她确实是身经百战的世界级名将。

11 羽毛球外交

充满温情的“小球”外交活动，在20世纪70年代就发挥了四两拨千斤的巨大作用。30多年过去了，2005年的武汉，也完成了一次“小球推动大球转”的喜剧传奇。

武汉东湖新技术开发区于2001年被原国家计委、科技部批准为国家光电子产业基地，即“武汉 · 中国光谷”。2004年，时任武汉市副市长的袁善腊先生和东湖高新区管委会主任唐良智为促进东湖高新区早日成为世界一流的科技园区，产生了请富士康落户武汉的想法。

富士康科技集团是全球最大的3C产品研发和制造企业，专业从事计算机、通信、消费电子等产品研发制造，广泛涉足数位内容、汽车零组件、通路、云运算服务及新能源、新材料开发应用的高新科技企业。凭借前瞻决策、扎根科技和专业制造，自1974年在台湾肇基，1988年投资中国大陆以来，富士康迅速发展壮大，拥有百余万名员工及全球顶尖客户群，是全球最大的电子产业科技制造服务商。

然而富士康总裁郭台铭先生下不了一定要在武汉投资建厂的决心，此事总是在搁浅状态。见到郭台铭是一件很难的事。因为某个契机，郭台铭决定派副总裁简宜彬代表他赴武汉考察。紧张的实地考察和圆桌谈判的间隙，为了轻松气氛，袁善腊副市长建议安排一场羽毛球活动。

简宜彬是羽毛球爱好者，当他们一行在袁善腊副市长的引领下，走进韩爱萍羽毛球俱乐部，见到世界羽坛皇后韩爱萍，接过韩爱萍亲自赠送给他的球拍，小球推动大球转的外交活动，完胜。

富士康与中国武汉光谷的签约仪式如期举行。简宜彬更表示富士康愿意每年出资100万元，在东湖高新区设立奥运之星奖励基金，主要扶持湖北当时的奥运潜优项目：羽毛球和跳水。

2005年10月，湖北羽毛球选手在第10届全运会上拿到了金牌——高崚和魏轶力夺得女双金牌。要知道，这是湖北羽毛球队有史以来第一次拿到全运会金牌。

2007年，富士康武汉园区在东湖高新区正式奠基。2017年，富士康入驻光谷10周年，被称为：从一片荒土到产值2300亿元。

韩爱萍说，我是武汉的女儿，很多事情如果需要我，我就应该义不容辞地承担起来，并且出色地完成；能够回馈社会，报效祖国和家乡，一直以来都是我的努力方向。

12 理想

后备人才培养！韩爱萍在省队做羽毛球女队主教练的时候，一再寻找机制：优秀羽毛球手要从运动员的童年时代予以发现和培养，并保证他们德智体美劳全面发展。这样的学校国内十分需要。

2011年搜狐新闻如是说：韩爱萍羽毛球运动学校是2005年9月在武汉成立的。他们与学校(东方红小学)合作，教育和栽培学生球员。该校成立至今已有六年，学生(小一至小六)人数多达900人，首批毕业生将在今年诞生。表现突出的学生将被推荐到省集训队，表现一般可选择升上普通中学，但可坚持训练，之后还是有机会转到职业队。2006年，韩爱萍转任湖北省体育局青少处副处长，目前从事群众体育的工作。她在工作之余，还到羽毛球学校帮忙指导学生球员。

2001年，时任武汉硚口区区长的唐良智说，硚口要发展，打两张牌，“汉正街”和“世界冠军的摇篮”。2002年，硚口区建了一个冠军广场，在解放大道和硚口路交会处，这是市政府建设的公益广场。不是很大的广场，有冠军墙。广场征集从硚口走出去的世界冠军的签名和手印。2002年三四月，广场举办开张仪式，武汉市所有领导到齐。硚口美食街就在这里。健身步道和体育锻炼器材齐全，虽然不大，但交通便利，还可以参观古老的硚口路，人气很旺。

他们邀请了韩爱萍出席冠军广场开张仪式。

时任武汉市副市长，兼武汉东湖新技术产业开发区管委会主任的袁善腊，很关注体育。他在这次活动中见到了韩爱萍和郭鸣伉俪，他说，你们在国外办学校，我们听说了。

▲1997年，韩爱萍获“澳洲华人成功人士”称号，颁奖现场

1999年缪晖的报道：澳大利亚墨尔本郊区有他们的爱萍羽毛球学校。澳大利亚国家羽毛球队，共15名队员，4名是韩爱萍的队员，她的队员打出过全澳洲单打亚军的好成绩。爱萍羽毛球学校挂靠墨尔本的丹地龙山区羽协。澳洲人对出成绩的态度是——他们也希望，但并不十分重视，来这里就是兴趣，是娱乐……

当时硚口大力发展招商引资，袁善腊和唐良智邀请韩爱萍夫妇回来，合作办学，培养体育后备人才。

硚口冠军广场开张仪式后，唐良智亲自带队，参观了韩爱萍的母校——大通巷小学。唐良智很果断地对他们说：给一个建议，怎么搞，写一个方案，给硚口区政府，我们希望硚口有一所韩爱萍羽毛球学校。

几乎没有任何犹豫，虽然他们在墨尔本的新家——郭鸣亲自设计亲自建造的家，刚刚入住，每一个细节都充满了感情；虽然爱萍羽毛球学校运营

▲1999年，国际羽联副主席、澳洲羽协主席罗伊·沃德为韩爱萍颁发“国际羽毛球联合会名人堂”证书

良好，在当地已树立起金字口碑；虽然澳大利亚的生活更舒适，对于两个女儿的国际化成长也许更有利；虽然澳大利亚甚至已经成为他们的第二故乡，1997年澳大利亚政府授予韩爱萍“澳洲华人成功人士”的称号……

韩爱萍说，我想回来，培养我们自己的世界冠军，我想看见我们的运动员站在奥运会的领奖台上、世锦赛的领奖台上。

韩爱萍2002年年底先带着两个女儿回来，澳大利亚墨尔本的爱萍羽毛球学校无偿送给了学校的教学助理，郭鸣卖掉别墅和汽车，2003年年初紧接着也回来了。几乎在澳大利亚没有留下一片羽毛和一丝牵挂，就为了回国后的状态是全力以赴的！

韩爱萍和郭鸣，很快结合国外的工作经验，根据国内的实情，完成了方案。方案强调：体育后备人才培养要走体育与教育相结合的模式，选择具备场地条件的小学建设专业的羽毛球馆，开办以羽毛球作为体育特色的九年一贯制学校，为湖北省或武汉市专业羽毛球队培养输送德智体美劳全面发展的学生羽毛球运动员。

时任区领导的意见是体育名人资源加优质教育资源，开办体育特色学校，校园资产国有、办学机制民办，将建成的学校交钥匙到办学者手里。这种探索体教结合培养后备人才的方式在当时的发达地区都不多见，在湖北是第一家。2005年9月，学校终于建成、揭牌。

资料记载：前羽毛球世界冠军韩爱萍的名字冠名的韩爱萍羽毛球学校2005年9月在武汉市硚口区挂牌。该校除承担辖区内义务教育责任外，其重要任务是培养羽毛球后备人才。据《长江日报》报道，韩爱萍羽毛球学校是一所公有民办性质的全日制小学，由硚口区投资，在营房村小学原址上建设。学校先后荣获“全国整体改革实验基地学校”“国家传统教育与现代教育技术优势互补实验学校”“湖北省现代教育技术先进学校”“湖北省教育科研实验基地学校”“武汉市示范学校”“武汉市学习型先进单位”“武汉市第一轮办学水平先进学校”“武汉市‘三化一高’学校”“武汉市对外开放学校”“武汉市文明单位”“硚口区名校”等多项荣誉。

2006年为了满足社会各界人士对羽毛球场馆设施日益增长的需求和政府要求学校体育场馆向社会开放，韩爱萍依托羽毛球学校的场馆设施个人出资开办了韩爱萍羽毛球俱乐部，由俱乐部负责学校羽毛球场馆设施向社会开放服务，设施日常维护管理，羽毛球学校的教学训练服务，组建硚口区青少年羽毛球队。2006年至今，硚口区青少年羽毛球队3次获得武汉市运动会青少年羽毛球比赛团体冠军，8次获得武汉市青少年羽毛球锦标赛团体冠军，为湖北省和武汉市专业羽毛球队输送男女学生运动员17人。武汉市民政局2010年授牌俱乐部“先进社会组织”，武汉市体育局2012年授牌俱乐部“武汉市青少年体育业余训练基地（羽毛球）”。

回望2002年硚口区打出的两张牌的一张——世界冠军的摇篮，只有韩爱萍一个人响应号召，携夫带女回来了。这一回来，17个年头就过去了。

13 双姝

韩爱萍、李玲蔚两人在1990年退役之前，在国际女子双打比赛中占据主导地位。他们被国际羽坛不断惊呼为：女单双姝、女单双子星、羽坛双皇后……

网名“云中君”的羽毛球运动爱好者在博客里写下：20世纪80年代中后期，我目睹了中国羽毛球队黄金时代的来临，伴我成长的一代名将是：男单选手被称为“三剑客”的杨阳、赵剑华、熊国宝［那时候国际羽坛上的四大天王是弗罗斯特（丹麦）、林水镜（印度尼西亚）、杨阳、赵剑华］；女单选手李玲蔚、韩爱萍、唐九红……中国羽毛球队的第二次辉煌，诞生于1987年在北京举行的第5届世界羽毛球锦标赛。此前同类比赛的男单、女单和女双一直是我们易夺冠的项目，男双始终突不破韩国金牌双打朴祝奉、金文秀一关，混双更是永远在大赛中垫后。而这一次，也许是占据了主场优势，也许是老天愿意看到几代羽毛球人奋斗的硕果，中国队囊括了全部五个项目的冠军！这是第一次，中国选手韩爱萍、李玲蔚毫无悬念地包揽了女单冠、亚军，这是世界羽坛女单赛场上杰出的双子星座，有她们在，女单大赛冠、亚军绝少旁落。更令人咋舌的是，在鲜有单、双兼项的羽毛球界，她们还兼打女双，成为和林瑛、吴迪西并驾齐驱的世界头两号女双选手……

说一说您和李玲蔚吧。2018年12月11日，即将和丈夫一起动身前往澳洲看望两个女儿的韩爱萍，和我再一次见面。

韩爱萍说，我1978年进国家队，单打兼双打。那时候羽毛球运动员不会细分为单打、双打，或者混双。每一个运动员的技术都会很全面，单双都兼。我2002年回国，省队有对运动员的单打和双打分开培养的方案，我是反

▲1986年，韩爱萍（左一）和李玲蔚（右一）在世界杯羽毛球赛场上

对的。运动员在省队还是打基础和提高的阶段，过早分开，不利于技术的全面发展。其实单打和双打的技术是互为运用的。世界羽毛球水平发展得这么高了，还是双打的技术为单打所用，单打的技术为双打所用。单打是基础，然后就要求发展，到双打里探索学习更多的技术。如果运动员在发展阶段就定下来只单打或者只双打，反而是一种束缚。到了后期成熟阶段，再根据运动员的特点，来决定是打单打，还是打双打。

韩爱萍进了国家队后，配过很多双打搭档：生于1946年的归国华侨陈玉娘、生于1955年的湖北老乡何翠玲、生于1958年的江苏运动员徐蓉、生于1964年的福建运动员林瑛。之前在业余体校和湖北省队的时候，搭档是孔庆霞。

韩爱萍最早的国际赛事双打成绩是：1976年获第4届亚洲锦标赛女子少年组双打冠军（搭档李汀英）。

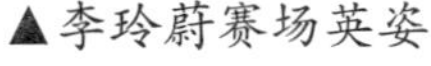

▲李玲蔚赛场英姿

▲韩爱萍赛场英姿

1983年，病休了两年、甲亢初愈的韩爱萍恢复训练。陈福寿主教练根据运动员的水平和技艺来匹配，安排韩爱萍和李玲蔚做搭档，这一打，就从1983年打到1989年退役。

她们俩每每在国际赛事中，既是单打的对手，又是双打的搭档。

1983年马来西亚吉隆坡，第3届世界杯女双冠军。

1985年第4届全英羽毛球锦标赛女双冠军。

1985年加拿大卡尔加里，第4届世界羽毛球锦标赛女双冠军。

1985年瑞典羽毛球公开赛女双冠军。

1985年印度尼西亚羽毛球公开赛女双冠军。

1985年马来西亚羽毛球公开赛女双冠军。

1986年香港羽毛球公开赛女双冠军。

▲李玲蔚（左一）和韩爱萍（右一）合影

1986年印度尼西亚雅加达，第6届世界杯羽毛球赛女双冠军。

1987年广州，第6届全运会女双冠军。

1987年马来西亚吉隆坡，第7届世界杯羽毛球赛女双冠军。

韩爱萍与李玲蔚的双打配合在当时堪称一对绝配，是一对挑大梁人物，她们俩技术全面，单打实力举世无敌，而在技术上又各有互补，韩爱萍主后场，李玲蔚善于网前封网。

在尤伯杯赛（也称为世界女子羽毛球团体锦标赛，1981年国际羽联和世界羽联合并为现在的国际羽联时，决定将尤伯杯赛与汤姆斯杯赛在同时同地举行，并相应改为每2年举行一届。中国是获得尤伯杯赛冠军次数最多的国

▲1986年，尤伯杯赛队员合影，从左至右：吴迪西、李玲蔚、韩爱萍、林瑛

家），她们俩总是联袂上演连台好戏，先是单打拿分，而后又是双打夺城。

1984年，中国女子羽毛球队首次参加尤伯杯赛，队员：李玲蔚、韩爱萍、钱萍、张爱玲、林瑛、吴迪西、徐蓉、吴健秋8人，以其高超的技艺、快速多变的打法，以5：0的相同比分，分别击败印尼、日本、丹麦、韩国和英格兰等强手，一举夺得第10届尤伯杯赛冠军，第1次登上了世界女子羽毛球团体冠军的宝座。

1986年，第11届尤伯杯赛，在印度尼西亚雅加达，参赛队员有李玲蔚、韩爱萍、劳玉晶、郑昱鲤、林瑛、吴迪西、吴健秋、关渭贞。

1988年，第12届尤伯杯赛，在马来西亚吉隆坡，队员：李玲蔚、韩爱萍、劳玉晶、辜家明、尚福梅、郑昱鲤、施文、林瑛、关渭贞。

李玲蔚和韩爱萍是她们退役前中国蝉联3届尤伯杯赛冠军的最重要队员，立下汗马功劳。

尤其值得一提的是，1988年尤伯杯半决赛，韩爱萍对决王莲香（1971年生于印度尼西亚）。王莲香原名叫苏茜·苏桑蒂，她身材虽然不高，却具备了打羽毛球所要求的柔韧性、协调性、灵活性和速度，除了力量，她几乎什么都不缺，而且各项素质几乎都是最好的。王莲香是继中国的李玲蔚、韩爱萍之后的世界羽坛“女王”，她成名于1989年第1届苏迪曼杯（世界羽毛球混合团体锦标赛，印度尼西亚队获得冠军）,也是历史上第一个奥运会羽毛球女单冠军的获得者（教练为退役后去到印度尼西亚的前中国国家队老将梁秋霞）。

我特意观看了1988年尤伯杯半决赛韩爱萍vs王莲香的比赛视频，王莲香是一位皮肤黝黑、动作灵活、反应非常快的选手，她曾打败过中国大将郑昱鲤（1963年生于福建。1985年、1988年尤伯杯女子羽毛球团体赛中国队主力队员）。王莲香的劈杀速度快，几乎和韩爱萍不相上下，唯一的缺点是经验还不太丰富，关键时候容易出现急躁情绪。但是王莲香已经表现出十足的后生可畏的势头了。韩爱萍和王莲香的比分先是韩爱萍落后，后是追平9：9，最后加赛，韩爱萍险胜。韩爱萍以大将风度和丰富的经验，使用到网前球的左右开弓、拉吊球等技术，令对手在赛场上忙于奔跑，这是羽毛球战术和智慧。这次赛事，可谓中国羽坛老将经历了一次严重的考验，也使得中国队最终取得尤伯杯赛冠军。

那个时代，女子双打搭档出类拔萃者还有韩国生于1963年的金练子和生于1964年的柳尚希，她们曾在1988年夺得全英羽毛球锦标赛女双冠军，是中国女队最强大对手。来自中国的对手有林瑛和吴迪西，1982年获全英羽毛球锦标赛女双冠军；徐蓉和吴健秋，1982年在瑞典公开赛上获女子双打冠军。

韩爱萍回忆，李玲蔚的性格内向，含蓄，沉静。而她自己的性格是完全相反，外向，直率，热情。给韩爱萍留下最深印象的一次和李玲蔚对打的比赛是：1983年在丹麦哥本哈根举办的世界羽毛球锦标赛。

世界羽毛球锦标赛是国际羽毛球联合会主办的世界最高水平的羽毛球单项锦标赛，国际羽毛球联合会在继汤尤杯赛后，为了适应世界羽毛球运动日益发展的需要而设立的一种以个人单项为竞赛项目的羽毛球锦标赛。该赛事从1977年开始举办，1983年以前每3年举办一次。然而，在头两届比赛时国际羽联遇到过麻烦：世界羽毛球联合会（后来与国际羽毛球联合会合并）在国际羽联世界锦标赛后1年以相同的目的举办相同性质的比赛。1981年两组织合并后，该问题也随之解决。从1985年起，该项赛事改为两年举办一次，直到2005年止。2006年起，锦标赛成为了国际羽联日程表上一年一次的赛事，目的在于给予运动员们更多机会去赢得官方的“世界冠军”称号。但每到奥运会举办的年份，锦标赛不举办，以便为奥运会羽毛球比赛让路。

从第3届起，世界羽毛球锦标赛由新国际羽联主办。第3届世界羽毛球锦标赛于1983年5月2日至8日在丹麦哥本哈根布隆德比体育馆举行。这届比赛汇集了世界羽坛所有的名将，从而揭开了世界羽毛球锦标赛史上新的一页，并名副其实地成为世界最高水平的羽毛球单项比赛。

韩爱萍说，1983年第3届世锦赛女单，和李玲蔚对决，我的失败，很长一段时间在我心里留下阴影。阴影的意思就是我只要再和李玲蔚打，心里就很紧张。那场比赛我想当然地认为以我的打法和球技，是可以击败对手的。但是李玲蔚的防守强，而且耐打，看上去不凶的球，但很管用，我打过去的什么狠球她都能打回来，我如果当时不急躁，也耐着性子和她对打，也许我能赢，但是我放弃了，那时候我的心理素质还没有修炼得很好。

从专业角度分析，李玲蔚偏重于中国式的战术打法，这种打法最全面，既是持久战术，消耗双方的体力，同时，又要发挥猛攻快打的特点。它要求运动员机灵、耐久、准确、情绪稳定，打击对方的弱点。从理论上来讲，这种打法最好。但是，要完全做到很不容易。

而韩爱萍偏重于落地中国的印度尼西亚式的战术打法，这种打法追求高超的技术，看准了就猛杀，不惜消耗体力，因此，一旦输了情绪，就在技术的发挥上有波动。另外，要有这样的高超技术，不是一般人所能做到的。许多地方都采用印度尼西亚式的战术打法，例如马来西亚、新加坡、香港。韩爱萍的身体从青年时代屡屡出现状况，与这种爆破力打法造成的体力透支有直接的关系。

她们俩，刚柔相济，一个爆发，一个绵长，注定虽风格迥异却是最佳拍档。

韩爱萍说，无冕之王丹麦羽毛球运动员弗罗斯特说过：要享受比赛的过

▲1987年，世锦赛上，韩爱萍（中）获得女子单打冠军

程，而不是总去想结果。这也是大将风度的体现。和郭鸣认识之后，他用这句名言来纠正我的思想，以帮助我克服焦躁的毛病。专注则无杂念，就不会轻敌，从而认真投入比赛。郭鸣强调，每一场比赛前，思想状态的提前准备很重要。

资料记载：一代名将韩爱萍在1983年世锦赛输给了李玲蔚，与金牌擦肩而过，不过这位进攻型打法的选手统治了接下来的两届世锦赛。值得一提的是，韩爱萍还是原世界羽联1979年世锦赛的女单冠军得主。第4届世界羽毛球锦标赛于1985年6月10日至16日在加拿大卡尔加里市马鞍形体育馆举行。

比赛结果，中国选手韩健、韩爱萍，韩爱萍和李玲蔚分别夺得男、女单打和女子双打三项冠军。在本届比赛中，中国女选手表现尤为突出，包揽了女子单打前三名和女子双打冠、亚军，又一次充分显示了雄厚实力。第5届世界羽毛球锦标赛于1987年5月18日至24日在中国北京举行。中国选手创造了世界锦标赛史上的奇迹：夺得了全部5个项目的冠军。男子单打决赛中国的杨阳击败了丹麦球王弗罗斯特，男子双打决赛李永波、田秉毅击败马来西亚的西迪克兄弟夺冠，中国选手韩爱萍击败队友李玲蔚成功卫冕。韩爱萍就此成为首位蝉联世锦赛金牌的中国羽毛球选手。

韩爱萍做教练后，根据亲身体会，常常教导队员，要注重自己内心微妙的情绪，认真面对，及时梳理、纠正、调整，这个和苦练球技、体能一样重要。

某位网络羽毛球观察员在2018年如是回首往昔，对比今朝，发出叹息：随着陈雨霏、何冰娇、高昉洁等一批20岁上下的队员的成长，中国羽毛球运动员开始弥补女单项目上，近几年最高领奖台没有中国运动员的空白。这批小将普遍身体条件比较好，基本技术过关，呈现良好的发展势头，有望重拾羽毛球女单项目霸主的地位。我们这批小队员年龄比较小，还正处于成长期，从各方面看都有着不错的发展潜力。但是，还是需要这些队员尽快地形成自己的风格，具备自己的杀手锏和更充足的能力才能实现大的跨越。尤其是在思想境界、身体能力、基本技术、进攻能力上需要向韩爱萍、李玲蔚学习，有自己独特的东西。韩爱萍、李玲蔚作为中国羽毛球女单选手中的杰出代表，有着目前这些队员所缺乏的一些东西。韩爱萍凶狠的扣杀能力，无坚不摧的拼搏精神；李玲蔚细腻的技术，攻坚防硬的能力，过人的身体能力，舍我其谁的比赛气质，这些都是让她们在20世纪80年代无敌的原因。她俩不仅单打水平高，也几乎包揽了20世纪80年代所有的羽毛球女单世界冠军。她们的组合还是连续多年的双打世界冠军，有她们俩在，别人在女单、女双项目上只能望其项背。

在中国羽毛球历史上，韩爱萍，李玲蔚，两位女皇处在一个时代，是一种鼓励，更是一种磨炼。

14 东渡

2018年12月11日夜，在老汉口王家墩路约见一位从新加坡回来探亲的男子。他是一代羽毛球大将尚福梅的爱人，孙冰。

孙冰的开场自我介绍：我也是大通巷小学的，和韩爱萍同级，我们班就在她们班的斜对门。

孙冰因为常年运动，很显年轻，充满青春的活力。

他们都是陈福成老师选拔出来的羽毛球运动员，还有田秉毅。

田秉毅，1963年生于湖北武汉。11岁进入武汉体育馆业余体校训练，15岁进入湖北羽毛球队，1981年到国家羽毛球队集训。17岁时与杨克森合作获全国少年男双冠军。1983年正式选入国家队，1984年与李永波搭档双打。1983年全英羽毛球赛男单第3名，击败印尼名将苏吉亚托。1984年第4届世界羽毛球锦标赛获男双亚军(与李永波搭档)。1986年汉城(今首尔)亚运会获男双亚军(与李永波搭档)。1987年第5届世界羽毛球锦标赛获男双冠军(与李永波搭档)。1988年汉城奥运会羽毛球表演赛获男双冠军(与李永波搭档)。1990年亚运会获男子团体、男子双打冠军，是中国蝉联三届汤姆斯杯冠军主力队员（1986年、1988年、1990年）。1992年巴塞罗那奥运会获男双铜牌。1992年退役。1997年起担任中国羽毛球队副总教练。

尚福梅最早的双打搭档是辜家明。1982年4月和1984年4月在全国青少年羽毛球比赛中，两人合作，取得女子双打第2名。辜家明也是湖北人，1978年由原湖北沙市业余体育学校进入湖北羽毛球队，1980年选入国家队。1988年全英羽毛球赛女单冠军，第12届尤伯杯赛冠军主力队员。后被国家体育总局公派到日本雅马哈株式会社，帮助雅马哈公司组建羽毛球队。

尚福梅也是武汉硚口大通巷小学的学生，陈福成老师选拔出来的运动员，1978年进入湖北羽毛球队，1985年选入国家队。1984年崭露头角，参加全国青少年羽毛球比赛，获得女子甲组单打冠军。1988年第12届尤伯杯赛冠军主力队员。1990年退役，5月去日本，执教于三洋电机俱乐部。

▲1987年，从左至右：辜家明，韩爱萍，尚福梅

孙冰也是国家队的羽毛球运动员，孙冰的主要重心是做好世界冠军级运动员的陪练。孙冰认为打下韩爱萍的难度相比他人大，因为韩爱萍是进攻型的，劈杀扣杀狠，给对方很大的压力，难以反攻。

做陪练不仅要陪着打球，还要起到和运动员交流思想的作用。韩爱萍说孙冰是一个有思想的人，善于发现问题，解决问题。孙冰在1991年曾在国家青年队做教练。

孙冰说，我们当年从大通巷小学进入业余体校训练，陈福成老师几乎每天都要跟着一起去。陈福成老师那时候身兼业余体校的助理教练。

他还回忆，业余体校每个月发给每个孩子6块钱的补助，他去体校对面的小商店买炼乳，有一次不小心摔到了地上，炼乳流出来，他的心里觉得好可惜啊，心疼了好长一段时间。

孙冰和田秉毅进入省队后，在武昌体育场训练，他们都在羽毛球的重点班里，这一年是1977年。

孙冰回忆：当时的武昌体育场乒乓球队里有个叱咤乒坛的人物，陈莉莉。陈莉莉出生于1963年，湖北人，国家级运动健将，1980年参加旅大全国乒乓球锦标赛，获得女子单打第1名，多次代表国家参加国际大赛获得多项荣誉，1985年公派日本，现旅居日本，是乒乓球世界冠军石川佳纯的教练。

孙冰说，从前的羽毛球世锦赛是3年一次，后来是2年一次，运动员的竞技状态要保持得很好，才能有蝉联冠军的机会。现在的世锦赛是1年一次，运动员夺冠的机会多了很多。韩爱萍很厉害，在那个时代做过蝉联冠军。

和韩爱萍活跃在同一时代的羽毛球运动员，孙冰说到了两个人。一个是李英淑，是20世纪80年代后期韩国的头号女单，与印度尼西亚的王莲香一起，是仅有的两位能给实力强大的中国姑娘制造麻烦的对手。王莲香，集奥运会女单金牌、世锦赛女单金牌、世界杯女单金牌、尤伯杯金牌和苏迪曼杯金牌于一身，是羽毛球大满贯得主，也是印度尼西亚羽坛唯一的女子大满贯得主。

他和韩爱萍说到苏迪曼杯往事——1989年，印度尼西亚发起并经国际羽联确认，以“印度尼西亚羽毛球之父”苏迪曼的名字命名，举办了第1届混体团体赛。这是继汤尤杯之后的又一个团体赛，与单项世锦赛同期举行（先团体、后单项）——韩爱萍在这场比赛里与李英淑狭路相逢。

举办首届苏迪曼杯的时候，正是中国羽毛球队的全盛时期。两年前的世锦赛，中国队包揽了全部5项金牌，加上当时的汤尤杯两项团体冠军也在中国人的手里，因此，如果中国队拿到首届苏迪曼杯，将创造所有羽毛球世界冠军集于一身的历史纪录。中国队派出的参赛阵容颇为强大，男单为世锦赛冠军杨阳，世界杯冠军赵剑华，汤杯主力熊国宝和后起之秀张青武这四大高手；女单派出的是几乎轮流坐庄的老将李玲蔚、韩爱萍和新秀唐九红、黄华。

第二盘和第三盘是女子单打，中国队派出了老将韩爱萍，韩国队迎战的是小将李英淑。

别看李英淑年纪轻轻，初出茅庐，但打法稳健，夺拍能力强，对中国队的威胁相当大。此役，韩爱萍在比分0：1落后的不利情况下出场应战，压力也是可想而知的。果然，第一盘两个人就拉开了拉锯战，经过多次平局，韩爱萍以9：12输掉了首盘，形势岌岌可危。韩爱萍不愧是久经沙场的老将，在如此不利的情况下，稳定了心态，耐心地与对方拉吊，伺机进攻，最终以11：5、11：0反败为胜，将比分扳成1：1平。

首届苏迪曼杯，是亚洲国际三强实力的分水岭，进入半决赛的分别是中国、丹麦、印度尼西亚、韩国。半决赛对阵形势是：中国—韩国、印度尼西亚—丹麦。中国最后只名列第三。而东道主印度尼西亚队凭借天时、地利、人和的主场之利，在决赛中以3：2战胜韩国队，成为第一个苏迪曼杯的得主。

有羽毛球运动观察家如是总结：中国的黄金一代（20世纪七八十年代亮相国际羽坛的新秀）在首届苏迪曼杯之后，开始逐渐地退出竞技舞台。李玲蔚、韩爱萍退役，林瑛也淡出了羽坛，杨阳在北京亚运会与赵剑华决赛激战至深夜取得冠军后宣布挂拍。曾经在80年代中后期叱咤风云的中国羽毛球黄金一代逐渐解体，尽管赵剑华、李永波、田秉毅、关渭贞在其后的几年间继续坚持……1991年世锦赛的3金成为几位老将的最后辉煌，1992年奥运会后，这些老将正式挂拍，淡出人们的视野。

孙冰和韩爱萍唏嘘感慨韩国羽毛球运动员李英淑的命运——严苛暴躁的教练的一记耳光，毁掉了一位与王莲香比肩的名将。

尚福梅1990年到日本后，在三洋电机公司的羽毛球俱乐部做教练。韩爱萍和郭鸣那时也在日本，他们都住在大阪，一家在最南边，一家在市中心，周末几家人见面，要坐1个小时的地铁，地铁票5000日元。

到了1992年，新加坡国家队负责人找到韩爱萍，想邀请他们夫妻俩去新加坡羽毛球队当主教练。韩爱萍因为和三得利的合约在身，无法离开日本，找尚福梅商量，问她是否愿意去。尚福梅和孙冰的简历递交到新加坡后，批准通过，于是他们夫妇去到新加坡，生活至今。

尚福梅现在在新加坡南洋女中任羽毛球教师。孙冰说，新加坡的人口构成80%是华人，这些华人来自广东潮州，福建，海南，还有马来西亚人和印度人。新加坡不再属于英国殖民地成为独立国后，羽毛球运动依然被发扬。现代羽毛球运动1873年诞生在英国。新加坡所有的学校都有体育特色课程，不仅是一种，有四五种。乒乓球、中国武术、舞蹈、羽毛球、网球、篮球等，都是政府出钱，助力教学，但不一定要培养出职业运动员，就是为了全民都在体育运动气氛里。新加坡衡量一个孩子的优秀，不仅看成绩，品格和为社区服务做了多少工作，也是重要的标准。新加坡有总统奖学金，每年三名至四名，这个奖的设置激励了许多孩子成长为优秀正气的人。

孙冰的父亲毕业于司徒雷登创建的燕京神学院，后在武汉基督教青年会工作，现退休。孙冰和尚福梅有两个女儿。他们已经在新加坡生活了近30年。他们每年都要回武汉一次，探望家里的老人。2018年7月，尚福梅和韩爱萍一同去日本，故地重游一番，在亲切的濑户大桥上留影。她们都会说日语，20世纪90年代初期在日本做俱乐部教练的时候，用每天上午的时间去语言学校学日语。

郭鸣说，20世纪八九十年代运动员的出国潮里，还有一个湖北籍羽毛球运动员，叫谢芝华，他去了泰国，一待20多年，至今，有自己的俱乐部。谢芝华14岁便代表荆州获得湖北省单打冠军的称号，是荆州羽毛球界诞生的第一个省级冠军。谢芝华十三四岁的时候，顶着冠军光环的他进入了湖北省队，在省队待了七八年，因为表现突出进入了国家队。在国家队，他没有像期待中的那样一步一步成长为全国冠军、世界冠军。除了与田秉毅搭档男双参加一些国内比赛外，更多时候他是一个默默无闻的陪练，而当时他的陪练对象就是现任中国羽毛球队总教练及副总教练的李永波、田秉毅。1992年巴塞罗那奥运会后，李永波、田秉毅同时退役，加之膝盖的伤势，谢芝华觉得失去了在国家队的意义。就在迷茫徘徊之际，在李永波的介绍下，谢芝华获悉泰国BTY俱乐部正好需要中国羽毛球教练，就是这样的因缘际会，时年26岁的谢芝华远走泰国。20年间，李永波打造了一支中国梦幻之队，在伦敦奥运会时更历史性地包揽了5枚金牌。谢芝华在这期间学习泰语，在俱乐部里带训练，但他从未在泰国国家队里有过任职。运动员出身的背景，加上长期在湖北省队以及国家队训练，谢芝华把中国先进的训练方法带到了泰国。随着俱乐部成绩的提升，谢芝华的执教能力也逐渐得到认可，越来越多的泰国家庭将孩子送到这家俱乐部训练，现在谢芝华是这家俱乐部的总教练。拉特查诺是他21年执教生涯中的顶点。拉特查诺在16岁时参加广州亚运会就令人眼前一亮，立刻被锁定为中国女单的敌手，但没有想到的是，18岁时她便战胜了中国选手李雪芮赢得世锦赛金牌，给泰国羽毛球历史增添了新的一笔。谢芝华现在的俱乐部里有300多个球员，有的泰国国家队的队员都打不过他的俱乐部球员。

并不是世界冠军就一定会成为优秀的教练，要成为优秀的教练必须甘于奉献，以运动员为本。韩爱萍语。

韩爱萍和郭鸣，尚福梅和孙冰，他们是少年时代、青年时代并肩前进的战友；中年和老年时代的知己、挚友。人生的轨迹里，彼此助力过对方，同时也见证了整整一个时代，羽毛球坛的湖光山色，风云变幻。

迪克·苏迪曼（1922–1986年），被誉为是“印度尼西亚羽毛球之父”，1922年4月29日生于印度尼西亚北苏门答腊省的一个小镇。他从小学到中学，在地区少年儿童羽毛球比赛中都名列前茅；到高中时期，他在全国已经小有名气；他在读大学时（商科大学），就成为非正式的全国冠军。在20世纪40年代，印度尼西亚还没有举行过全国比赛，而他已打败了能遇到的所有选手。他不但单打好，还同他的一个哥哥合作拿过多次双打冠军。1951年，在苏迪曼先生的积极倡导下，印度尼西亚羽毛球协会正式诞生，苏迪曼先生本人被选为该协会首任主席。由于苏迪曼先生的忘我精神和卓有成效的工作，他连续22年当选印度尼西亚羽协主席。1978年2月25日世界羽联在香港成立，有21个国家和地区成为其会员。苏迪曼在任职国际羽联副主席期间，首先提出倡议并为促使国际羽联和世界羽联的合并积极奔走，于1981年促成了两大羽联的合并，结束了世界羽坛分裂的状况。

15 脉络

行文至此，依依回首中国羽毛球两大鼎盛时期，韩爱萍是第二个鼎盛时期，即新秀时期里的顶梁柱之一。

羽毛球第一个鼎盛时期，即归侨时期。1965年10月19日至20日，中国、丹麦国际羽毛球邀请赛在哥本哈根举行。头场比赛中国选手以全胜的战绩击败所有上场的丹麦选手，使丹麦观众为之一惊。比赛结果：汤仙虎、侯加昌获男单冠、亚军，林建成、吴俊盛，汤仙虎、侯加昌获男双冠、亚军，陈玉娘获女单冠军，陈玉娘、梁小牧获女双冠军，方凯祥、陈丽娟，林建成、梁小牧获混双冠、亚军。1965年10月27日至11月3日，中国羽毛球队访问丹麦之后又访问了瑞典，在斯德哥尔摩、马尔默等地进行比赛，获全胜。中国羽毛球队出访北欧，与世界劲旅丹麦队、瑞典队共进行了34场比赛，以34：0大获全胜，使世界羽坛为之震惊。外电外报称誉我国羽毛球为“冠军之冠军”和“无冕之王”，从而奠定了“无冕之王”的羽坛宝座。回国后，贺龙副总理宴请羽毛球队出访的全体成员吃烤鸭并勉励大家“从零开始，切勿骄傲”，并合影留念。

韩爱萍的启蒙老师陈福成是第一个鼎盛时期里的归国华侨之一，助力于中国羽毛球事业的兴盛。韩爱萍在省运动队的教练舒金兰，舒金兰的羽毛球教练是彭春珊，彭也是归国华侨。韩爱萍在国家队的教练陈福寿，是第一批回到祖国投身羽毛球事业开拓进取的华侨。

第二个鼎盛时期，即新秀时期。1979年6月10日至20日，世界羽联第1届世界杯赛和第2届世界羽毛球锦标赛在杭州举行。经过努力，我国选手又占了上风，韩爱萍获得女单冠军。1979年年末，在香港的中印对抗赛的遭遇战的胜利，增强了中国羽毛球队的信心。在这两年里，国际羽坛上出现了两个国际性的羽毛球组织，于是，在1980年2月22日至23日由国际羽联派出印度尼西亚队、世界羽联派出中国队在新加坡举行“谁是当今羽坛霸主”之战。印度尼西亚队派出最强阵容出战。羽坛的某些知名人士认为，我们与印度尼西亚之战是鸡蛋碰石头。但是我们的新秀组成的团体经过艰苦鏖战，终于不负众望，战胜了不可一世的印度尼西亚队，提高了中国羽毛球队的声望，扩大了世界羽联的影响，从而加速了两个国际羽毛球组织的合并。1981年5月，国际羽联与世界羽联宣告联合，同时恢复中国在国际羽联的合法席位；实现了我国教练员、运动员20多年来的夙愿：逐鹿国际羽坛，争夺世界桂冠。从此，我国羽坛健儿正式步入了世界比赛的最高舞台。1982年，我国羽毛球男女选手在日本、德国、瑞典、丹麦、香港的公开赛中均取得优良成绩，开创了我国羽毛球在世界羽坛的新局面，为整个80年代一系列辉煌的胜利奠定了坚实的基础，表明了我国羽毛球事业欣欣向荣，后继有人，具有与任何羽毛球强国相抗衡的实力，是真正的“有冕之王”。

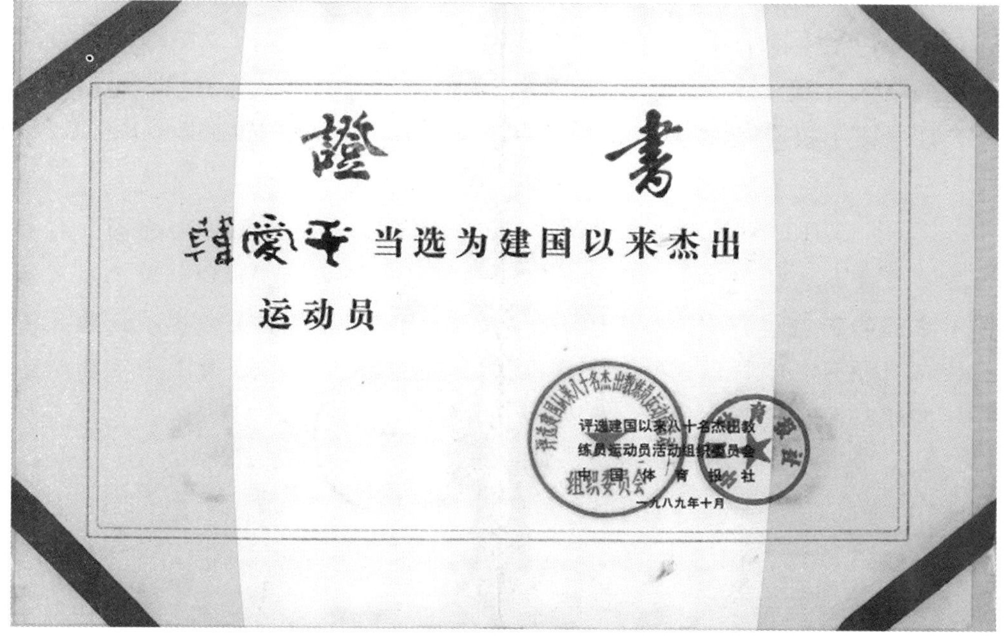

證書

韓愛萍 当选为建国以来杰出运动员

评选建国以来八十名杰出教练员运动员活动组织委员会
中国体育报社
一九八九年十月

▲韩爱萍所获荣誉证书

1984年，中国女队第一次参加在马来西亚举行的第10届尤伯杯赛，以5：0战胜英格兰队，也第一次把中国的名字刻在尤伯杯上。在她们的带领下，中国女队一直把这个优势保持到1992年，获得勇夺尤伯杯赛五连冠的美誉。又相继涌现了新的世界冠军，她们是郑昱鲤、施文、辜家明、关渭贞、黄华、周雷、赖彩勤、唐九红、农群华、史方静、姚芬、史晓惠、吴宇红、林燕芬、叶钊颖。同时，在1987年的第5届世界羽毛球锦标赛和1988年的世界杯羽毛球赛上，中国队囊括了全部5个单项的冠军，创造了一个国家在羽毛球单项比赛中包揽全部金牌的历史。

韩爱萍于1985年获第4届世界羽毛球锦标赛单打冠军和双打冠军。1987年再次夺取世界羽毛球锦标赛女子单打冠军，是当时世界羽坛唯一蝉联这项冠军的运动员。1988年获世界杯羽毛球女子单打冠军。她曾7次获得国家体委颁发的体育运动荣誉奖章，1989年被评为中华人民共和国成立40年来杰出运动员。

陈福寿，陈玉娘，彭春珊，陈福成，舒金兰，韩爱萍——中国羽坛有这样一条脉络，如此清晰。

1986年，国际羽联为了表彰中国羽毛球工作者对世界羽毛球运动发展做出的巨大贡献，授予朱仄、陈福寿、汤仙虎、侯加昌、陈玉娘卓越贡献奖章；授予梁小牧等7人贡献奖荣誉证书。

朱仄，1913年8月出生于中国。1972年至1982年，任国家体委国际司副司长、负责人。在1978年至1984年担任亚羽联主席期间，联合一些亚非友好国家于1979年成立了世界羽毛球联合会并担任副主席，此举为以后恢复我国羽协在国际羽毛球联合会的合法席位奠定了基础。1981年，世界羽毛球联合会与国际羽毛球联合会合并，朱仄出任国际羽毛球联合会副主席。

16 澳洲

因为韩爱萍和三得利公司的签约未到期，所以当新加坡国家队在1992年向韩爱萍伸出橄榄枝，请她去新加坡羽毛球队做主教练，以备战1996年奥运会时，她却无法接过这个重任。于是，她推荐了尚福梅夫妇前去新加坡。

1994年，澳大利亚羽联找到韩爱萍，请她出任澳大利亚羽毛球队主教练。韩爱萍和郭鸣决定接受这个聘任。

再见了，日本，他们在这里生活的4年时光，有甜有苦，有收获也有失落。

▲1990年，韩爱萍（一排右一）和日本队员合影

▲2001年，韩爱萍（右一）和父母亲在墨尔本

郭鸣说，日本善于花钱引进全世界的人才和技术，但不够尊重人本身。在我1991年到日本做体能教练的时候，我就发现了这个问题，我在训练运动员的时候，他们会有专人用摄影机录下所有的细节。等到一个训练阶段完成后，他们往往认为中国人的训练方法也不过如此。

韩爱萍和郭鸣抵达澳大利亚悉尼机场，之前，澳大利亚驻日本大使馆的人员已经为他们办理好澳洲绿卡，他们作为特殊人才被引进澳大利亚。

时任澳大利亚羽协主席Roy Ward是澳大利亚国会议员，同时也是国际羽联的副主席，是他直接向韩爱萍发出的邀请，他希望韩爱萍培养优秀的澳大利亚羽毛球选手，备战2000年奥运会。

然而韩爱萍抵达澳大利亚时，有孕在身。韩爱萍未能担任澳大利亚羽毛球队主教练。韩爱萍产后和郭鸣开始了澳大利亚青少年羽毛球培训事业的开创阶段。

奥运会的口号：重在参与。澳大利亚的人民热爱体育，仅墨尔本羽毛球协会就有3000个家庭会员。每个家庭通常是两代人共同参与羽毛球运动。

羽毛球运动作为一种家庭娱乐运动，不仅能锻炼身体，还能使家庭成员感情和谐，愉快舒畅。两只拍子，一只球，一块空地，一家人就可以享受运动时光了。

郭鸣和韩爱萍在墨尔本山区羽协的支持下，开办了爱萍羽毛球学校。8年中，她为当地培养了一批高水准的运动员。

1990年年初，韩爱萍和郭鸣离开祖国，一个去了澳大利亚，一个去了日本，双方的父母都表示不理解，更不支持。2002年冬天，韩爱萍和郭鸣变卖家业，彻底离开墨尔本，回武汉，双方的父母又表示不理解，也不太支持。

许多年后，郭鸣讲出这一席话，不禁哈哈大笑起来。这笑声里交集着叹息和欢然。这一年是2018年，韩爱萍的父亲和郭鸣的父亲都已作古。他们曾经同妻子一起往返武汉和澳大利亚，帮助带大韩爱萍和郭鸣的两个女儿，见证了墨尔本爱萍羽毛球学校的祥和发展。

17 心愿

2019年1月29日，韩爱萍从澳大利亚回到汉口。在澳洲一个月的停留，是旧地重游，也是为了看望两个在此间读大学的女儿。读大三的大女儿同父母亲一起回国，于是我有了对大女儿采访的机会。

采访地点位于汉口马场路的武汉协和医院肿瘤中心。三人的病房，韩爱萍在最里靠窗的床上。韩爱萍说，就是这样的病房都很难订到床位了，澳洲回来后，复查结果显示肝脏病灶又有些清晰且有所增大，经医生团队商量决定，继续化疗，由原来使用单药，改为现在用双药，一边治疗，一边观察，随时掌握病情。韩爱萍接着说，现在病情的反复也算是正常，无大碍。

她大病化了的态度和始终热忱的微笑面容，着实化解了命运里的沉重，而令身边的人也不是那么愁绪满满。是的，她用恢宏的大气和坚忍的毅力，送给人世最好的礼物：淡然，欢愉。

韩爱萍郭鸣伉俪此次去澳洲，正赶上观看澳洲网球公开赛。澳网是网球四大满贯赛事之一，通常于每年1月的最后两个星期在澳大利亚墨尔本举行。澳大利亚公开赛自1905年创办以来，至今已经走过了100多年的历史。不过与另外三项四大满贯赛事相比，澳网还是最年轻的。赛事目前由澳大利亚网球协会主办。

韩爱萍说，澳网赛事的氛围很好，吸引了世界各地网球爱好者前来参与，澳网几乎做成了以赛事为核心的嘉年华活动——竞技、旅游和欢乐。人们很喜欢看世界名人来到赛事里做体育表演，更喜爱观看赛事的轻松氛围。观看比赛有两种选择，你可以选择买场地通行证，在草地露天或者其他空旷的地方看大屏幕上的赛事。美食和酒水，友人和清风，观摩赛事的形式变得

▲韩爱萍生活照，李汉新摄影

更自由更有趣更轻松。还有一种就是进场观看，三个不同的主题馆，中央球场、墨尔本多用途球场、玛格丽特·史密斯·考特球场，如果场馆里空余的座位够多，会让持有场地通行证的观众免费进入。

韩爱萍的女儿毓珊补充说，相对于澳网等国外的体育赛事，国内赛事的参与状态则拘泥很多，加入进来的爱好者也相对较少。国内的体育赛事针对的消费主体主要是中产以上阶层，他们有经济实力，有一定程度的生活品味，愿意消费艺术和体育，但消费人群的局限也使得赛事不够火爆，全民健身、全民参与的主旨不能充分实现。武汉马拉松比赛的热烈程度比较高，这是近几年武汉最火爆的赛事。

大女儿郭毓珊，今年24岁，就读于澳大利亚的莫纳什大学，大三，修双学位，法律和国际关系专业。妹妹在澳大利亚的迪肯大学，大四，修双学位，体育管理和体育运动科学，继承了父亲郭鸣的专业。妹妹叫韩雅璐，生

▲1995年，韩爱萍（左一）和郭鸣（右一），与墨尔本爱萍羽毛球学校的学员合影

于1997年，姐妹俩相差两岁多。因为身体条件更适合打网球，姐妹后来都改打了网球。

韩爱萍于1995年、33岁，生下第一个女儿，因为是晚育，加上超过预产期，有姗姗来迟之意，珊又意为珍贵、美丽，便为女儿命名为郭毓珊。1997年，也是墨尔本的爱萍羽毛球学校成立的年份。

我问毓珊，你还记得你童年时代家里开办的爱萍羽毛球学校吗?

毓珊点点头，说印象比较深的就是，他们去训练时就会把我送到附近的一所私人托儿所，晚上下班后接我回家。

韩爱萍说，学校面向各个年龄段的学员，刚开班时只有几个学员，大家都在观望这个世界冠军跟其他的世界冠军有什么不同。因为，在澳洲的世界冠军不止我一个，还有不少中国、印度尼西亚、马来西亚高水平的世界冠军。随着学员水平的提高，一些观望的家长也开始把自己的小孩送来训练

▲澳大利亚的家

了。郭鸣主外联，我主抓训练，俱乐部有6片场地，训练通常是从下午的3点后开始，上午的时间去语言学校学习英语。

我问毓珊，你喜欢童年时候墨尔本的家吗？

喜欢。那是一座父亲自己设计、监工、建造的家。墨尔本的家在印象中非常舒服。从小时候就可以体会到爸爸是一个完美主义者，他对房子的研究、花费的时间和精力，都是为了给我们打造一个舒适、优质的生活环境。当时我们家也种了很多植物，每年春天家里都会有清香的兰花香味。我还记得我小时候特别中意粉红色和芭比娃娃。我记得我的房间，一进去就是迎面而来的粉色。粉色的墙纸、粉色的床单、粉色的窗帘，就连书架上摆放的都是粉色的芭比娃娃。现在倒是比较喜欢朴素的颜色和设计。我们很小的时候，就各睡各的房间，自己洗澡，自己背书包，自己准备自己的功课。爸妈从小就锻炼我们的自立能力。因此，我们现在自己住在国外也没有生活上的问题。我们有张照片，是妹妹和我在某年圣诞节时穿着美美的裙子在圣诞树前拍的。每年圣诞我们都会在家里立起圣诞树，邀请朋友来家里吃饭做客，享受家庭时光。

和郭毓珊对话，我发现她思维清晰，表达沉稳，口有辩才。她1.81米的个子，略瘦，五官清秀，没有任何修饰，素净的一张面庞，黑直发，朴素的套头厚棉文化衫和有弹性的墨蓝牛仔裤，休闲系带运动鞋，说话的时候，双腿并拢，安静婉约，眼睛温和专注地看着我，没有任何多余的动作和表达。如果母亲交代她去做一件事，她立刻起身执行，性格里有非常乖顺温柔的品质。修养很好，这是她给人留下的最深的印象。和用谦和微笑面对大家的母亲韩爱萍，两相映照，我想起了舒金兰教练说过的，韩爱萍的家风很好，从她的父母亲到她自己，和她的两个女儿，他们以待人谦和为本，以朴素节约为信条。毓珊说，在国内读小学的时候，每个周末和妹妹要做的事情就是去爷爷奶奶家待一天，去姥爷姥姥家待一天。

2002年，韩爱萍全家回国时，郭毓珊7岁多。韩爱萍为了全力以赴做好省羽毛球队的主教练，把大女儿托付给好友孔庆霞，毓珊跟随孔教练学习打羽毛球，2006年之前，她在首义路小学读书。等到硚口区的韩爱萍羽毛球学校正式建成招生时，她和妹妹一起报名，成为这所学校的学生。郭毓珊回忆，是住校制，3个人至5个人一间宿舍，上铺是床，下面是书桌和衣柜，这是现在的大学生才使用得上的宿舍条件，可是12年前，还是小学生的我们就已经享有了。

关于文化课和体育训练的双管齐下是否有冲突这个问题，郭毓珊用坚定的口气说，根本不会有冲突，只要好好利用时间。学习和锻炼成为生活的双主题，只会让身体和大脑的状态更具有充沛精力，促进对文化知识的钻研和吸收。我在小时候就参加一些兴趣班，学中文、芭蕾、绘画、陶艺等，上小学后，又参加羽毛球、田径、跆拳道、拉丁舞等培训。国内的体育课和国外的兴趣课的不同之处在于，国外的兴趣课会带你入门，并逐步深入，从而完全掌握一种运动技艺；而国内的体育课比较泛化。

韩爱萍补充说，教育部体艺卫司司长王登峰曾经说过，中国学生在世界上是上体育必修课最多的，从小学一直到大学一二年级体育都是必修课，加起来有14年，但很多人竟然连一个运动项目都没学会……

从韩爱萍羽毛球学校小学毕业，郭毓珊考取了武汉市十一中。这是一所创办于1954年的省级重点高中。她是作为特长生考入的。郭毓珊代表学校参加全国大学生网球比赛，获得女生团体亚军的好成绩。

国内初中未读完，郭毓珊转学去新加坡立化中学读书。在这里完成了初中和高中的学业，2015年，立化中学第一次获得全国女子羽毛球团体冠军，郭毓珊是运动员主将之一。新加坡本地的报纸对她做了专访。新加坡的生活对她来说是人生的一个转折点，无论学习还是生活，都有压力存在。但也正是这种压力塑造了她，使她进入澳大利亚开始大学生涯的时候，已经具备了独立的有判断力的人格。

我问毓珊，你会如何界定何为优秀的人？

毓珊说，在国内的时候，感觉一个孩子只要学习好就是好孩子，一个学习好的孩子才有人愿意和他（她）交往，老师也会更喜欢学习好的孩子。但是出国后我惊讶地发现，大家喜欢的一定是品德好的孩子，和考试成绩无关，比如一个孩子很诚实，就很受欢迎。大家还喜欢有爱好和特长、在一个领域里有钻研精神和独到见解的孩子。除了学业和兴趣，做社会义工也是一个学生的主要生活内容。在新加坡上高中时，我们会带领社区老人院的老人去公园和博物馆，照顾和陪伴他们。我在大一的时候做了一次海外义工，去印度尼西亚为没有经济条件学习英语的孩子免费教英语，40多天的时间。我还为贫穷的孩子筹集文具，做楼梯马拉松募捐活动的义工。这些活动的核心理念，就是爱心。我们都深切地知道，有爱心的孩子才会有资格被喜欢。我们自己也会更愿意靠近有爱心的人。大学生模拟联合国活动，我们的焦点话题是核武器、贩毒、地球环境，这是对世界的爱。

毓珊大年初五就飞回澳大利亚，她将在2019年3月赴西班牙马德里，参加哈佛学院举办的世界模拟联合国会议。在此期间，她代表塔吉克斯坦，在联合国第六委员会与其他来自全球各地的大学生处理法律问题。

模拟联合国，简称模联，是对联合国大会和其他多边机构的仿真学术模拟，是为青年人组织的公民教育活动。在活动中，青年学生们扮演不同国家或其他政治实体的外交代表，参与围绕国际上的热点问题召开的会议。全世界每年有近400个国际模拟联合国大会在五大洲的50多个国家召开。每年参与大会的师生来自世界100多个国家，总人数超过400万人。模拟联合国活动中议题主要涉及的领域：和平与安全、恐怖主义、人权、环境、贫穷与发展、货币政策、石油危机、全球化、公共卫生等。

在病床上输液的韩爱萍说，我们不会刻意选择什么人去交往，我们不势利，真诚待人很重要。

毓珊说，朴实和天真很重要，热心帮助别人很重要，低调不虚荣很重要。我们不会使用自己用不起的东西。我们在大学里主要依靠奖学金独立生活，大家都没有伸手问家长要钱的习惯。我的一个同学因为要出国参加活动想买一个行李箱，于是问父母借了一小笔钱买箱子，等奖学金到位后，她会

荣誉证书

授予韩爱萍同志：

2008年度参政议政

先进个人

中国致公党湖北省委员会

二00九年二月

▲韩爱萍所获荣誉证书

把这笔钱还给父母。拥有正确的生活理念和生命理念，会让我们成长得更好，所以我们很愿意接受这样的生活方式。

我问毓珊，关于全民健身你怎么看？

毓珊说，广场舞和健步走，是国内运动里的主要方式。国内社区几乎没有配备体育场馆和力量房，只在社区和农村有简易的健身器材。把运动当生活习惯，把运动当家族的活动之一，把运动当焕发生命最佳状态的通途，这些，显然尚未形成，还需时间来培育。

毓珊说她的就业理想是进入联合国工作。联合国在维护世界和平，缓和国际紧张局势，解决地区冲突方面，在协调国际经济关系，促进世界各国经济、科学、文化的合作与交流方面，都发挥着相当积极的作用。毓珊说最和谐的国际关系简单地说就是，你也开心我也开心。送去爱与和平，她想做这样的使者。

对毓珊的采访就到这里。窗外冬雨迷蒙，愿新一年的我们充满力量。送我到电梯口的毓珊，这是一个个子很高的年轻人啊，我需要仰着头才能和她说话。我问她，妈妈的病带给了你很大的打击吧。毓珊想了想说，但是妈妈表现得那么乐观和淡然，我们也就不太痛苦了。

我对韩爱萍充满了敬意，因为她深知只有如此才能化解亲人的痛苦，她宁愿强压住所有的苦痛，而让大家不要愁苦。

2015年第12届全国人民代表大会上，韩爱萍的提案：《关于推广政府与社会资本合作模式建设全民健身体育场馆的建议》，建议在政府财力有限、投入不足的情况下，采用政府和社会资本合作的PPP（Public公共—Private私人—Partnership合作）模式，鼓励和推动民间资本参与，加快体育场馆的建设。她说，国家支持健身场馆小型化、多样化发展，便于对公众开放。我这次带来的提案就是想探索政府怎样和社会资本合作，建设小型化、多样化的健身场馆，目的就是希望在百姓身边出现更多的便于他们去健身的体育场馆，让老百姓受益。PPP模式是一种能使政府、企业、社会多方共赢的公共产品或服务的提供方式。PPP模式最直接的优势就是快速提升基础设施融资能力；企业参与建设运营全过程，有利于解决重复建设和建设质量问题；

社会使用者则会得到高效率的服务。而政府除了同企业共同做好前期规划设计、规定服务标准外，还需事先规定定价或补贴的政策，包括动态调整的公式，并监督企业运营项目的质量和履行好维护设施的承诺。在提案中，韩爱萍建言由国家发改委、财政部长、国家体育总局等单位牵头，加强对使用PPP模式建设全民健身体育场馆的政策研究，并提出参考意见；各省市区政府提出PPP模式建设全民健身体育场馆的实施细则，并尽快推出使用PPP模式建设全民健身体育场馆的目录，加快制定城市社区建设15分钟健身圈的规划。

18 妈妈

▲韩爱萍全家合影，李汉新摄影

郭毓珊的妹妹韩雅璐，生于1997年。

妹妹韩雅璐会陪伴住院治疗的母亲到3月初，然后她也将飞回澳大利亚继续大学第4年的生活。

韩雅璐是家中的小女，个子比姐姐高4厘米，1.85米，面容娇气很多，长着一双笑眼，说话平静温和，略带羞涩。来医院看望韩爱萍的郭鸣的姐姐，也就是韩雅璐的姑姑，告诉我，韩爱萍是家中的独女，所以韩雅璐降生的时候，郭鸣的父母主动说，这一个孩子要姓韩，让韩家的两位老人知道他们也是有后的。

郭鸣的姐姐今年62岁，退休前在华中师范大学工作。她高中毕业后就业于武汉市第二米厂，从一线工人做起，做到化验员，1978年参加高考，考入华中师大俄语系，毕业后分配到武汉市纺织研究所担任俄语翻译。1986年考取华中师大研究生世界史专业，毕业后留校，在历史文化学院工作。后来也曾随丈夫南下广东，又返回武汉，是知识分子里敢于拼一把的强者。

她说：弟弟郭鸣1986年华中师大体育系毕业后留校，那一年我在华中师大读研，弟弟和韩爱萍的相识过程我很清楚。湖北省体委关心武汉的女儿韩爱萍的终身大事，她那时24岁，从未谈过恋爱，身边不乏追求者，但并不觉得就合适。湖北省体委羽毛球队的领队叫王卫阅，他在省体委主任刘贵乙的嘱托下，开始为韩爱萍物色般配的对象。韩爱萍说这个人要有文化，一定得是大学毕业生，要喜爱体育，这样他们才会有共同语言和互相帮助。于是符合条件的我弟弟郭鸣被他们介绍给了韩爱萍。

我问郭鸣的姐姐：你觉得韩爱萍是怎样的人？

她不无坦诚地回答：我们家三个孩子都是大学生，父亲是学者也是高级工程师，母亲是中心医院护士长，我们会担心运动员太单纯于竞技，而缺乏智慧，将来教育孩子力不从心。然而我们的担心完全是多余的，萍萍是一个悟性非常好的人，有智慧，好学，爱读书，善于思辨和总结，她的理论高度和全局把控能力甚至超过我们大多数人。萍萍还有一个最好的品质，就是谦虚友好，从我们相识的那天，我的记忆里只要亲友聚会都是萍萍在照顾大家伙儿，为我们倒茶、布菜，她是标准的贤妻良母型女子。

做姑姑的和小女儿韩雅璐很亲昵，她们面对面说话的时候会目光对视，语调缓慢，充满感情。2002年，韩爱萍全家回国，雅璐那一年5岁，为了不影响母亲在省体委羽毛球队全力以赴带队，她住到姑姑家1年。

韩雅璐的高中是在西班牙巴塞罗那的桑切斯网球学校就读的。文化课的学习、英语的学习、西班牙语的学习和网球训练，四者并行。韩雅璐童年时代也师从孔庆霞打羽毛球，到了11岁因身体条件的原因，改打网球。15岁到西班牙继续打网球。

她说：学校里上午是网球训练，午饭后1点到5点进行文化课学习。虽然学校内没有时间午休，但西班牙人有午休的传统，他们的生活节奏非常缓慢，店铺通常上午9点半开门，营业到下午2点午休，下午4点再营业到9点，周末大部分都会关门休息，他们把和家庭成员的生活看得很重要。国外的学生即便不是体育特长生也会有运动的习惯，运动不只是健身，还是社交，因为会接触到更多领域和层面的人，令人充实愉快。国内的孩子学习一个体育技能，是为了比赛，所以会越学越枯燥，于是产生抵触的情绪。而国外的孩子纯粹就是玩，是兴趣，如果很热爱，才会刻意在技术方面进行专业的训

▲国发〔2014〕46号文件

练。到了大学里我发现，澳洲的男生喜欢游泳、篮球、网球、澳式足球。打网球有激烈的表演感觉，但是羽毛球则会细腻很多，节奏也比网球快一些。新加坡的人更热衷于羽毛球。澳洲的女生喜欢英式篮球。国外的老人一周会有两次健身课，在同一健身中心，他们在这里拥有十几年的老朋友，是锻炼也是交际。

澳洲人的主流想法会是这样的：带病工作是一种不负责任的行为；越是高学历和高收入的人，生活方式越是健康。

郭毓珊和韩雅璐关于全民健身的观察和希望，使我想起韩爱萍作为全国政协委员上交的提案——

2013年4月19日，中国政协新闻网报道：韩爱萍，这个20世纪80年代在世界羽坛叱咤风云的名将，在离开赛场22年后，依然保持着运动员的活力，笑声朗朗。今年首次担任全国政协委员，韩爱萍就精心准备了《关于扶持社会公益性体育俱乐部发展的政策建议》的提案，对韩爱萍来说，体育已经成为自己工作和生活不可分割的一部分，她要发动社会各界力量加快推进全民健身。她说："体育现在已不再是体育人自己的事情，所以我希望得到更多社会力量的参与和关注，让大家参与到全民健身服务当中。"韩爱萍认为公益性体育俱乐部的发展壮大，将为全民健身提供平台，体育爱好者可以在这里参与各种体育活动，并获得专业的服务和指导。特别是现在由政府部门主导的公共体育硬件设施还不能满足老百姓健身需求的情况下，发动社会力量兴办体育俱乐部，将是对现有不足的重要补充。

理念，条件，一种更健康更自然的生命存在方式，终会破土而出——发展中国家迈向发达国家，一切皆有可能。

我问雅璐，西班牙有什么可爱的名人吗?

雅璐说，我最热爱建筑师高迪。巴塞罗那有个教堂，修了一百年还没完工，就是高迪设计的。他是一个脑洞大开的设计师，早在一百多年前他设计的建筑物就拥有停车场，仿佛预见到了未来。巴塞罗那有个奎尔公园，很长的一排椅子是用废弃的马赛克拼出来的，也是高迪的手笔。学建筑设计的人一定会回头看看高迪都干了什么，这真有意思。

我问雅璐，还记得童年墨尔本的家吗?

那是一座两层小楼，后院有鱼塘和花园，爸爸每天都要打理它们。我和姐姐平时去中文学校读书，还上芭蕾舞课和陶艺课，也学习游泳。爸爸是严肃的，我们姐妹俩都很敬畏他，一直到今天都这样，虽然我选择的体育管理和运动科学双学位是子承父业，但也并不觉得敢于在父亲面前很随意。而妈妈总是温和的。我很小的时候有一次为了爬椅子给摔了下来，于是就一直哭，爸爸说你要是再哭就去厕所哭，于是我进到厕所里哭，出来的时候妈妈亲和地缓声问我，是不是肚子饿了？

说到这里雅璐忍不住抹起了眼泪。一旁倚靠在枕上输液的韩爱萍也擦拭起湿润的眼睛。姑姑也抹起了脸上的泪水。

雅璐接着说，我19岁再回到我的出生地，墨尔本，在这里上大学。姐姐也从新加坡来到澳大利亚。我们从小就养成了独立生活的习惯，领取一定的生活费，花钱要记账，想要什么礼物需要提出请求，而且要有一个理由，经过大人的同意后，也许要等很长时间才能得到这个礼物。在澳大利亚的大学里，大学生基本都进入独立养活自己的状态，和家长的金钱关系是有借有还，这就培养了孩子对金钱的概念，易得的钱也很容易就花干净，自己赚取来的钱才知道珍惜。今年1月的澳网赛事，我是工作人员，给我的报酬是一天200澳币，折合人民币1000元，每天工作12个小时，很辛苦，我工作了16天，得到1万多元人民币的报酬。这笔钱我会存起来，看看用在什么必需的方面。

我问雅璐，你最喜欢哪一个网球名将呢？

雅璐说，我最喜欢费德勒，因为他是一位绅士，很有风度。但他年轻时非常暴躁，他的教练去世前对费德勒说，你要是想成为顶级的运动员，就要收敛起你的任性。费德勒的风采是一日一日积累起来的，这里面有改过和进取。中国也出了一位在国际网坛上享有盛名的运动员，叫李娜，她的电影正在拍，陈可辛导演的。她身上有顽强拼搏的精神和大将风度，这个就是电影的看点吧。成功的人，究竟该怎样界定呢？我觉得成功一定是两种，都是标准的成功，一种是得到了所有人的认可；一种是自己为自己订一个目标，并通过努力实现。我的妈妈是一位伟大的运动员，得到了所有人的认可，但是她在我们姐妹俩的心里就只是一个妈妈，没有别的。

韩雅璐大四毕业后会选择继续读研深造。她坐在母亲的病床上，因为二月的湿冷，她一直抱着热水袋，这是一个极其温柔乖顺的孩子，甚至她过于朴素了，一件红色的套头毛衣一条黑裤子。百善孝为先。毓珊和雅璐在良好家风的培养下，都是极其孝顺的好孩子。郭鸣的姐姐说，萍萍非常孝顺，对两边的老人都很好，每次住院进行为期一周的化疗之前，她都会抓紧时间去养老院把母亲和婆婆都看望了，这才安心住进医院。婆婆是学医的，萍萍的身体不好是瞒不住的，母亲虽然觉得萍萍的脸色不好看，但也不是很清楚病情。雅璐这次回来真好，照顾了妈妈一个月。

雅璐3月2日离开武汉回澳大利亚继续大学生涯。

我从医院出来，没有上公交车而是慢慢地在微冷的小雨中行走，走过苍茫的老汉口遗留的旧小街，想着硚口的孩子韩爱萍在这样的天空下长大，遇见新加坡回来报效祖国的陈福成老师，他们，一个是千里马，一个是伯乐。当伯乐走向千里马，当千里马遇见伯乐，中国就横空出世了一位世界级的羽毛球皇后。

19 韩南鹏

1989年韩爱萍和郭鸣在武汉结婚，举办婚礼。证婚人是当时的湖北省副省长韩南鹏。

▲1989年婚礼上，与梁淑芬（左一）、韩南鹏（右一）合影

羽坛名将韩爱平喜结伉俪

1989.6.20 中国新闻

中新社武汉六月十九日电 （记者章敦华）当脱去运动服、穿上洁白婚礼服的韩爱平挽着新郎郭鸣的胳膊出现在婚礼仪式现场时，出席婚礼仪式的省市官员和亲朋以热烈的掌声向这对伉俪表示祝贺。

湖北省副省长韩南鹏、省人大常委会副主任梁淑芬、武汉市人大常委会副主任何浣芬、省体委主任刘贵乙出席这位羽坛世界冠军的婚礼。

韩爱平在接受本社记者采访时，显得有些激动："我不知说什么好。象我们搞运动的人，为了出成绩，在个人问题上都是要做出一些牺牲的。从年龄上讲，我们都比较大了，属于晚婚年龄，从事业出发，也只能这样。在这一点上，郭鸣给了我很大支持。我以后不打球了，我就多支持他。"

人们说，一个成功的男人后面总是站着一个女人。而韩爱平和郭鸣则正好反了过来，一个成功的女人后面站着一个男人。新郎郭鸣在此间华中师范大学体育系从事运动医学教育工作，也算得上是体育圈内人。他俩从一九八五年开始恋爱，在一起的时间很少，靠"两地书"倾述相思。去年六月份他俩拿了结婚证之后，为支持韩爱平比赛，他俩两次推迟了婚礼。韩爱平风趣地说："我们不要见面也行，心有灵犀，吵架也心有灵犀，不过都是些小事情。"

韩爱平从十岁打羽毛球，到国家队已经十一年了。她以顽强的拼搏精神取得了十几项世界性比赛的冠军。"结婚以后是否意味着你将告别羽坛？"韩爱平说："考虑到羽毛球的后备力量不够，还没有想到举行婚礼以后就不打了。她告诉记者，七月份，她还要随队到马来西亚、泰国参加国际比赛。二十二日就将要在训练场上和比赛场上度过。"

对今后的比赛，韩爱平充满信心。她希望婚后再拿一项冠军。同时，她希望通过本社向海内外平时鼓励、支持她和喜爱羽毛球运动的朋友们表示衷心感谢。

▲1989年，《中国新闻》报道韩爱萍结婚

韩南鹏先生1932年出生于福建龙溪，3岁时离开故乡跟随大人到重庆。韩先生的父亲当时是十九路军参谋长。韩先生的太太庄重地告诉我们，那是一支抗日的部队。韩先生的父亲1939年去世。7岁的韩南鹏就读于现在的沙坪坝十五中学，其前身是1890年中华基督教卫理公会华西议会委任下属"女布道会"美籍人士费女士创办收容弃儿的孤儿院育婴堂，学校开设初级小学教育。

后来，韩先生又去了南京，在南京读完中学，中华人民共和国成立初期考取东北林学院，学习林学。1955年毕业于东北林学院，分配到湖北襄阳从事林业科研和生产工作。曾任襄阳地区林业局林科所工程师、高工、副局长、襄樊（今襄阳）市副市长。1986年担任湖北省副省长。

2019年2月28日，我和韩爱萍郭鸣一起拜访了韩南鹏先生。韩先生还有一个身份，他是湖北省野生动物保护协会名誉会长。他很欣慰地说自己的母校如今开设了新的专业，叫野生动物与自然保护区管理，现在国家对野生动物的保护很重视，高速公路上会有执法人员突击检查是否有人捕捉买卖野生动物，穿山甲、刺猬等动物都在严格保护中了。

韩先生说，我是1988年开始分管湖北省科教文卫体的。那时候全国人民都知道韩爱萍这位世界羽坛当红明星，为中国羽毛球事业做出了杰出贡献。羽毛球大国在六七十年代是丹麦、马来西亚、英国、印度尼西亚。中国在70年代羽毛球还处于一般水平。70年代初有了不起的乒乓球外交——小球推动大球，这是中国独创的体育外交成功个案，国外没有先例。通过体育，广交朋友，从而发展经济，这个思路很正确很有效。中国第一批羽毛球运动员主力是海外归来的华侨，“文革”后产生了第二批运动员，有大韩爱萍几岁的刘霞、张爱玲等人，韩爱萍、李玲蔚都属于第二批的拔尖者，他们是第一批的华侨运动员和教练培养出来的。“文革”后各项体育运动都开始恢复，韩爱萍等人的大显身手和绽放光芒，填补了中国羽毛球在世界大赛中的空白，把中国羽毛球推向了国际水平。

1988年，我做副省长分管体育工作的时候，湖北省体委主任是刘贵乙。可以说从20世纪70年代末到80年代末，是湖北体育界最红火的10年。刘贵乙他们除了抓主力队员，也注意培养阶梯队员。刘贵乙自己就是教练出身，他曾经是中国篮球队的总教练。那个时候湖北培养出来在全国拔尖的运动员还有很多。比如跳水运动员童辉，他是湖北黄陂人（曾获第4届全运会男子跳台跳水冠军，1981年中、美跳水对抗赛男子跳水冠军，第9届亚运会男子跳台跳水冠军，第4届世界杯跳水赛男子跳台跳水冠军，第10届亚运会男子跳台跳水冠军），两次获国家体育运动荣誉奖章，如今是澳大利亚跳水队总教练。

乒乓球运动员乔红，当年中国女乒的五朵金花（邓亚萍、陈静、张怡宁和王楠）之一，1968年生于武汉。1989年，乔红在世界乒乓球锦标赛中获女子单打冠军，同时和邓亚萍合作获得女子双打冠军。在其后很长一段时间内，邓亚萍和乔红在国际乒联的世界女子单打排名中分列第1位和第2位。乔红在奥运会中获得一银一铜，同时和邓亚萍合作获得两枚女子双打金牌。退役后担任中国乒乓球女队教练。

还有乒乓球运动员陈静，1968年出生于湖北武汉。陈静是奥运会史上第一个乒乓球女单冠军，是一位3次参加奥运会，3次都获得奖牌的乒乓球选手（1988年，获汉城奥运会乒乓球女单冠军）。

陈静退役时的情况和韩爱萍比较相似，都是通知留国家队做运动员兼教练，但突然又接到离队的通知。

后陈静申请参加1990年秋天在中国举办的亚运会，申请被拒。陈静离开，先去了日本，后去台湾。为感谢陈静对湖北省、对中国乒乓球事业做出的贡献，也为保护一位运动员的自由发展——体育无国界，韩南鹏在陈静的出国申请书上批示同意。

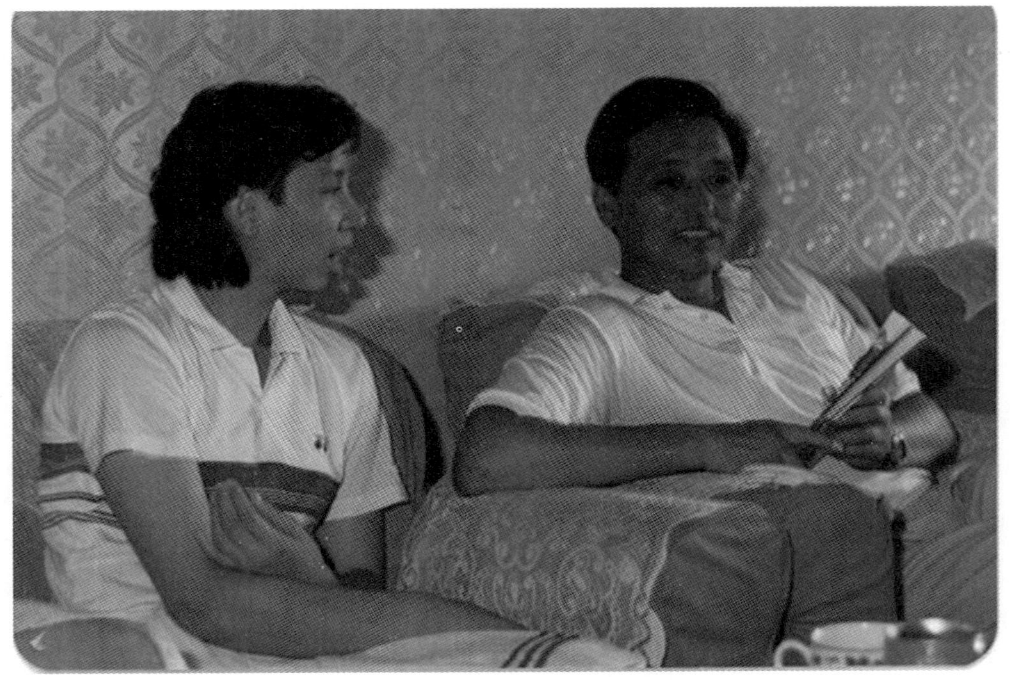

▲20世纪80年代初，韩爱萍（左一）和刘贵乙（右一）合影

说到这里，韩爱萍对我们大家说：刘贵乙是值得怀念的一位老领导。

韩先生认真地点点头。他说，运动员在年三十年初一也不休息，正常训练，刘贵乙会来到体工大队陪伴运动员过年和训练。运动员的伙食标准在20世纪70年代是1.5元每天，到了80年代刘贵乙争取到9元每天，90年代17元每天。在运动员退役安排上，湖北省做得最好，有一年特批了200个指标给运动员。这些指标不仅给取得过优异成绩的运动员，也给没有取得名次的普通运动员，我们不能忽视和轻慢了其他运动员做出的贡献。运动员们都是读初中时就选拔到省队里的，文化课耽误了，就会影响前程，如果退役后不给予切实的安置，是对不住他们的。这200个指标很快就用完了，湖北体育事业兴旺祥和，是省体委刘贵乙他们这些领导的亲力亲为和争取政策，我们省里的主管领导也深为理解并积极配合，共同达成的这个局面。

韩爱萍出生在硚口，这个区很有特点，它是老工业区，人口密集，工人多学生多，体育气氛非常好，运动项目多，网球羽毛球乒乓球跳水游泳。搞体育的孩子基本上都是工人家庭的后代，他们能吃苦，又从小热爱，这两点很重要，如果只是把体育当成玩，那是不能成为优秀运动员的。那个时候我们非常注重体育后备人才的选拔和培养，出台很多扶助政策，让工人家庭的孩子成为运动员并且无经济压力。

从前那个时代很艰难，湖北没有能力加大体育事业的投入，篮球场就是水泥操场，最多加个风雨棚，网球和羽毛球也是在水泥地上打，自行车比赛里的自行车很笨很旧，船队买不起好船，乒乓球台子和板子都不行。体工大队的电和水供应不足，洗澡得排很久的队，甚至洗不上。运动员服装和医疗也跟不上。

韩爱萍说，是的，羽毛球和拍子耗费大，打一会儿就得换，我们就自己补。

韩先生说，后来，体育事业随着国民经济的高速发展也进入了兴盛的状态，还成立了体科所。我对科教文卫计生工作的总结是，教育搞不好误人，卫生搞不好死人，科技搞不好穷人，体育搞不好丢人，计划生育搞不好增人。

末了，韩先生调皮地说了一句习近平总书记的语录：只有奋斗的人生才称得上幸福的人生。

现年87岁的韩南鹏，头发全白，亲和慈蔼，他和韩爱萍郭鸣相识于20世纪80年代，20世纪90年代值出差墨尔本之际，与韩爱萍一家人在墨尔本有过短暂的相聚。他们之间的友谊是出自对彼此的敬重。他喜欢羽毛球，他说，打羽毛球要比打乒乓球还有挑战性，比的是体力、速度、反应、灵敏性，要常常救球，体能耗费很大，韩爱萍是硚口的孩子，能吃这个苦。

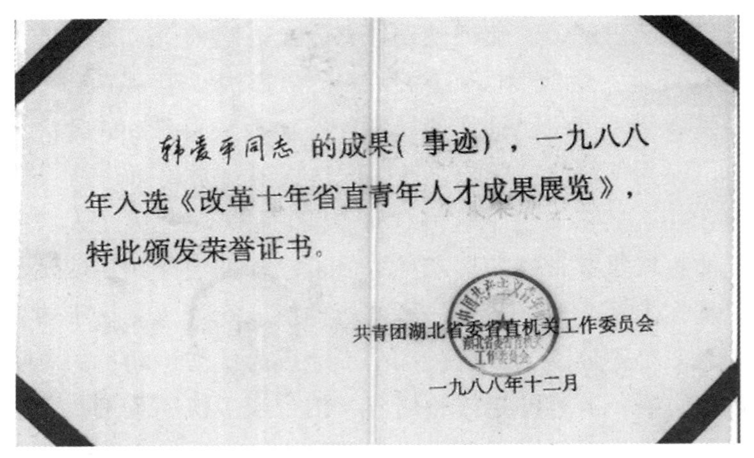

韩爱平同志 的成果（事迹），一九八八年入选《改革十年省直青年人才成果展览》，特此颁发荣誉证书。

共青团湖北省委省直机关工作委员会

一九八八年十二月

荣譽證書

韩爱平同志：

您被评为建国五十周年武汉十大体育新闻人物。

特颁此证

建国五十年武汉“体育双十”评选活动组委会（代）

一九九九年九月二十四日

▲韩爱萍所获荣誉证书

20 朋友

▲模特队五朵金花合影，左二韩爱萍

王幼予和史燕丽夫妻，是韩爱萍郭鸣在武汉的挚友。

王幼予说，我是武大的工农兵大学生，在学校的时候就爱打羽毛球，一直以为自己打得好，够狠够灵活，认识爱萍以后就不会打了。为什么不会打

▲罗明（左一）部长与韩爱萍（右一）交谈

了呢？她教我用正规姿势打球，然后我就不会打了。

王幼予的父亲叫罗明，是1956年湖北省委宣传部副部长，祖籍贵州。在湖北，人们用这样一句话总结罗明：他是个老革命，中华人民共和国成立前就在武汉搞地下党，是一位从国民党白色恐怖中闯过来的老布尔什维克！

罗明“文革”后继续担任副部长，分管体育。1986年韩爱萍和郭鸣恋爱，特意去看望罗明部长。是在家里见面的，郭鸣至今不能忘记的两件事：一是罗部长留他和韩爱萍吃饭，为他俩一人下了一大碗面条；二是罗部长把一套崭新的煤气灶送给了他们，那时候煤气灶很少见。（后来才从王幼予那里得知，罗部长有洁癖，很少请人在家里吃饭。）

这两件事都见出罗明部长的惜才和平易近人。

2001年罗明部长去世。因为偶然的机缘，2002年，王幼予夫妻和韩爱萍夫妻相识，成为朋友。

王幼予是这样评价韩爱萍的：她没有架子，很容易接触，在一起也不会有世界名人的压力。而且爱萍对待疾病的态度和精神，太值得称赞了。2016年爱萍查出来肺癌，医生对郭鸣说大概只有3个月到6个月的生命期了，可是爱萍和郭鸣共同的乐观和坚强，强化了自身的意志力，抵抗住了病魔。爱萍热爱生活，2017年5月，武汉市新洲区凤凰镇的凤娃古寨举办旅游节，韩爱萍作为特邀模特穿着蔚蓝色的旗袍，打伞走在荷塘和古建筑之间，游客不知道她是叱咤羽毛球界的一姐，更不可能知道她正在与肺癌做斗争。爱萍大义，祖国需要她的时候，她就放下澳洲优越的生活回来了，任劳任怨，即使遇见不公正的待遇时也不退却。

史燕丽把罗明部长的黑白老照片放到我们面前，就仿佛罗部长也加入我们的言谈。王幼予说，老爷子在世的话，今年101岁了。

史燕丽说，看着老爷子，我说说韩爱萍吧。爱萍有天赋，所以才具有成为世界冠军的可能性。爱萍有韧性，有不服输的倔强毅力，但是生活中的韩爱萍你是看不出来的，她那么亲和。爱萍有情趣，学习摄影、模特、唱歌等。有情趣的人才有意思，才有生命活力，给周围的人带来愉快。爱萍极其开朗，对待病痛的态度如此豁达，令我不断惊叹，身边有这样的好朋友真是太好了，这就是榜样。我对老伴儿说，我也不怕死了。她是羽毛球的世界冠

▲2019年春，武汉，韩爱萍赏花一幕，李栋摄影

军，早年甲亢治愈后重返战场在国际上连连夺得冠军，被称为“不可多得的复活者”。她也是癌症患者里的冠军，她带动了所有认识她的人，不要惧怕疾病和死亡，要勇敢乐观地珍惜每一天。爱萍很懂得感恩，别人对她的好她总是念念不忘。爱萍是情商极高的人，待人对事中总是要考虑到别人的方便，她用自律带给身边的人方便。爱萍家风好，体育局家属楼里大家公认的最有礼貌的孩子就是爱萍家的两个女儿。郭鸣人很智慧，他在墨尔本的家就是自己设计自己建造的。他不懂建筑，就自己买来教材书学习，设计图纸竟然完全符合建筑力学，报澳洲建设局顺利批准通过。郭鸣给墨尔本的家建了美丽的花园，当地人很敬重郭鸣，因为澳洲人认为有美丽花园的人是值得敬重的。我在韩爱萍和郭鸣这里更坚定了一句中国人的老话：家和万事兴。韩爱萍低调，郭鸣外向；韩爱萍敬业，郭鸣智慧。他们是强强联合，他们身上是满满的正能量，我们很高兴拥有他们这样的好朋友。

21 桃李

2002年年末，韩爱萍回国，担任湖北省羽毛球女队主教练。

当时的羽毛球队分为集训队、二队和一队。一队和二队都是正式省队队员。由于进队年龄小，为了保证文化学习，他们每周二、四、六上午要上文化课，其余时间训练，毕业后取得中专学历，可以参加当年高考。

2003年，一队有10名左右队员，其中就有后来的世界冠军获得者赵芸蕾和王晓理，还有今天坐在我面前的盛紫莹和杨中滢。

盛紫莹，1987年生，1998年进入业余体校，1999年，12岁的她抽调进入省队二队，2002年，15岁的她进入一队。

杨中滢，1989年生，2003年，14岁的她进入一队。

她们是韩爱萍回国后带的第一批羽毛球运动员。

16年过去了，当年在训练场洒下汗水付出青春的她们，今日过着怎样的生活?

我们约在韩爱萍羽毛球俱乐部见面。这是周末，我从汉口的解放公园路乘坐公交车到中山公园，再转车往硚口去。硚口依着汉江，与汉阳隔水相望。

若你要问武汉最老的商业城区是哪里，不是汉口不是武昌不是汉阳，而是硚口。明清时，汉江边的硚口开始呈现兴旺景象，素有“货到汉口活”之称，位居中国四大名镇之首，商业兴盛五百年，老汉口的根子在硚口。

硚口是古老的，她如今的样貌朴实甚至敝旧，但是她忠实地保留住了古旧的民风和老汉口人的生命活力。我按照韩爱萍给我的定位地址，找到位于建设大道旁营房路附近的营南社区。韩爱萍羽毛球俱乐部就在这片灰黑色、

▲韩爱萍（中）与队员合影，左一魏轶力（2008年尤伯杯赛冠军成员），右一赵芸蕾（2012年伦敦奥运会女子双打、混合双打冠军）

▲左一张军，右二高崚，两人2000年获得悉尼奥运会混双冠军

岁月斑驳的老社区最深处，一幢白色的小楼豁然出现在眼前，隔壁是有“硚口清华”之称的东方红小学。

2005年韩爱萍羽毛球学校正式挂牌，与东方红小学合作办学，该校除承担辖区内义务教育责任外，其重要任务是发现并培养羽毛球后备人才；2018年韩爱萍羽毛球学校不再挂牌，并入东方红小学。

盛紫莹和杨中滢称呼韩爱萍为韩教练。回想2002年韩爱萍甫一上任的第一个举措：双打运动员不能只练双打，单打也要进入训练重点，单打是基本功，跑动能力得靠单打巩固和提高。后来成为奥运会和世锦赛冠军的赵芸蕾是双打运动员，她在2003年韩爱萍的指导下，重新拾起单打的训练。显然，最后的获奖结果证明了这一举措的正确性。

盛紫莹说，韩教练来之后，我竟然发现自己的完整动作虽然是没有问题的，而分解工作不到位。而从前，我们谁也没有注意到分解动作的精准性这个要求。女队还发生了更多的变化，第一是大家开始培养团队意识，一起下楼出操，一起去训练场，不会再拖拖拉拉，散漫无章。因为韩教练总会提前十分钟就站在那里了。后来我当了大学老师，不自觉地就按照韩教练当年的工作作风来要求自己，从来都是我等学生，不会让学生等我。这种工作面貌我觉得特别有精气神。第二是过去运动员的训练是每个人练的都一样，而每个人的力量和技术特点到了青春期后其实是不一样的，所以这样的训练方式会显得枯燥。韩教练来了之后采取了因材施教的办法，她让我们自己提出来最想练什么，遇见的问题是什么，做针对性的训练，挨个跟进，规范到位。第三是加入了训练之外的对做人的教育。过去我们都是不好意思和人打招呼的，见了教练就躲，见了外面来的人就跑开，韩教练告诉我们，成才之前先做人，做一个优秀的人才能成才。她对人大方热情、和蔼真诚，是我们的榜样、我们的模范对象，我们渐渐变得自信起来，团队也拧成了一股绳。后来我们告别运动员生涯，因为韩教练培养起来的品质，到了社会上几乎没有走什么弯路，我们在单位得到领导和同事的认可，在生活中得到周围人的喜欢，于是我们工作生活起来就很开心。可以说，作为韩教练的学生，得到的教育令我们终身受益。

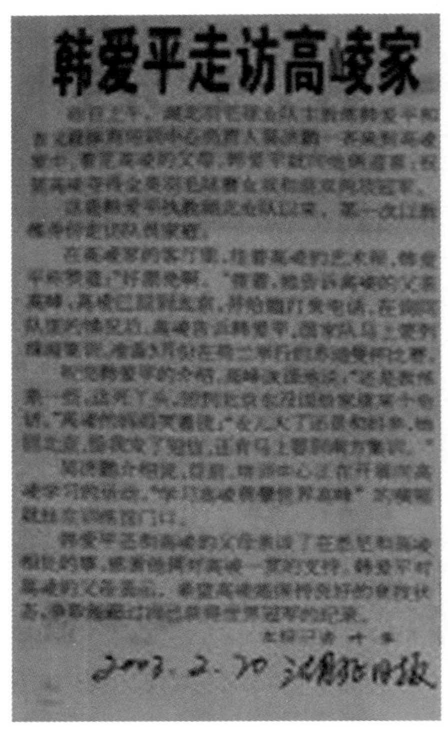

韩爱平走访高峻家

2003.2.20 湖北日报

▲2003年，《湖北日报》报导韩爱萍走访队员家

韩爱萍说，每个教练的方法都会不一样。我之所以对自己的教学很自信，是因为一方面是从千锤百炼的运动员生涯里得来的经验，另一方面是在

国外十年做教练反复琢磨出来的教学体验。

杨中滢说，我现在在企业里做管理人员，明白了韩教练当年带领我们女队，其实就用到了人才管理学，她发掘出我们每一个人的价值，让我们对自我有清晰的认识。她一面用严肃认真的态度强化我们的竞争意识，另一面又会教育我们树立起面对挫折时的正确态度。后来到了社会上，我们发现自己的心理承受能力比常人会好很多。

盛紫莹和杨中滢在2003年宜昌举办的全国羽毛球冠军赛中获得团体赛第3名的成绩。韩爱萍积极争取政策，她们两位因为这个成绩成为一级运动员。韩爱萍说，即使是第一梯队的拔尖运动员，也不可能人人进国家队，人人得全国乃至世界冠军。我们虽然希望每一个培养起来的运动员都出成绩，但天赋不一样，后天的环境和身体条件不一样，那么总会有一部分运动员打到二十四五岁甚至不到就得另寻出路，而我们作为教练要为孩子的未来早做考虑，对于刻苦训练也甘当铺路石的运动员，我们要送去集体的温暖和高度的认可，创造退役后继续求学的路子。他们还这么年轻，从小学四五年级就投身羽毛球事业，文化课读得少，如果因为没有拿上成绩，就此推上社会，他们会很艰难。

盛紫莹2005年参加全国青年羽毛球锦标赛，获得双打第5的好成绩。2006年参加世界大学生羽毛球比赛，获得混合团体冠军和单打、双打第5的好成绩。韩爱萍说盛紫莹在2003年到2006年的训练时光里，是一位训练非常刻苦的运动员。盛紫莹说，我想出成绩，做运动员的时候这口气一直都在。

盛紫莹和杨中滢都在2006年考取大学，离开运动场。盛紫莹在江汉大学，专业是运动训练。杨中滢在华中师范大学，专业是运动训练。盛紫莹本科毕业后考取广西师范大学硕士，2013年在武汉商学院做一名体育教师，商学院专设有体育系。杨中滢本科毕业后在中国房地产五百强的一家企业工作，至今已是企业中层管理人员，后考取在职广西师范大学MBA。

我问她们俩，当时，训练和文化课的学习能兼顾好么?

杨中滢说，我们两个是性格和谐，价值观高度一致，很好的朋友。两边的家长也是朋友，父母亲们达成的共识就是一定要成为有文化的运动员。我们在少年时代就请了英语家教，每周六晚上和周日白天，一起学习。我们是

▲2019年2月，韩爱萍（左一）与所教队员合影，右一杨中滢，右二盛紫莹

周六晚上回家，周日傍晚归队，在家的时间里几乎都是学习，我们没有用娱乐消遣打发难得的休息时间，我们在训练的时候也很专注。

韩爱萍说，做教练的时候我也住在运动队，每天晚上都要去查查房，看看运动员的状态，就常常看见盛紫莹和杨中滢坐在小板凳上翻看文化课书本。运动员动惯了，难的是静下来、坐下来，她们动静结合，自律能力极强，所以后来能够顺利考取大学和研究生，成为社会精英。优秀的运动员有两种：一种是取得了竞技成绩的；一种是正能量满满，奋斗不止的。

盛紫莹和杨中滢在今日依依回首往事，发出这样的感慨：我们因为有一级运动员资质，我们因为对文化课学习的执着得到韩教练的支持和赞成，所以有了后来成为大学生的机会，也因此改写了我们的后半生。韩教练为我们做的超前规划，今天回头看得明明白白。她就像我们的父母，考虑的是我们一辈子的好。

盛紫莹在今年3月将赴澳门一所大学做访问学者，她的先生是青少年时代的省队队友，也是一名羽毛球运动员，如今在国家队做助理教练，他们有一个5岁的孩子。杨中滢的企业总部在珠海，她作为企业骨干经常出差上海等一线城市，也曾去过两次澳洲。她说，澳洲很好，韩教练当年放弃那里的优越生活回湖北带队，是因为她的极强的事业心，她就是想对湖北、对祖国做出贡献。

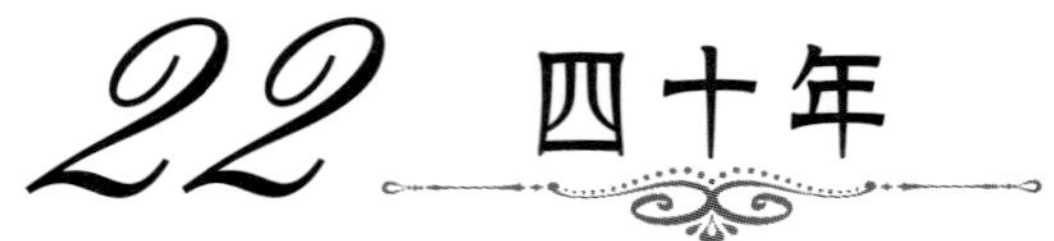

22 四十年

这是一本被无声岁月镀上金色光辉的手写教材，约有300页，每一页上的每一个字、每一张图示上的每一根线条，都是韩爱萍的羽毛球启蒙老师陈福成老师的亲手书写和描画。

2019年3月26日，韩爱萍怀抱这本略显沉重的教材，推开芳草杂志社的门。刘醒龙先生特意叮嘱美编胡晴：扫描这些珍贵的资料便于保存。

更是对半个多世纪前从新加坡归来支援新中国建设的陈福成老师献上深深的敬意。

教材写成于1978年。韩爱萍是1972年开始羽毛球训练的，在韩爱萍之前，已有一届又一届年长她几岁的学长跟随陈福成老师学打羽毛球。也就是说，1957年回国、1963年入大通巷小学担任体育老师的陈福成，在发现并培养韩爱萍成为羽毛球运动员之前的9年时间里，已经在实践中探索着羽毛球教育的理论方法，并立志形成文字和图示详解。

轻轻翻开发黄发脆的教材纸页，工整的书写，黑白老照片的配放，语言表达的恳切……我们可以感受到时年42岁的陈福成对发展中国羽毛球事业的拳拳热忱之心。

韩爱萍说，据我所知，教练不仅带运动员，还把自己的亲身实践经验写下来，形成一本独立创作、完整的教材，这样的事情很少很少。为什么呢？因为这是对待事业全力以赴以至于忘我的态度，而常人是很难抵达这样一个境界和高度的。

习近平总书记提出：我将无我。

我愿意做到一个“无我”的状态，为中国的发展奉献自己；“无我”境

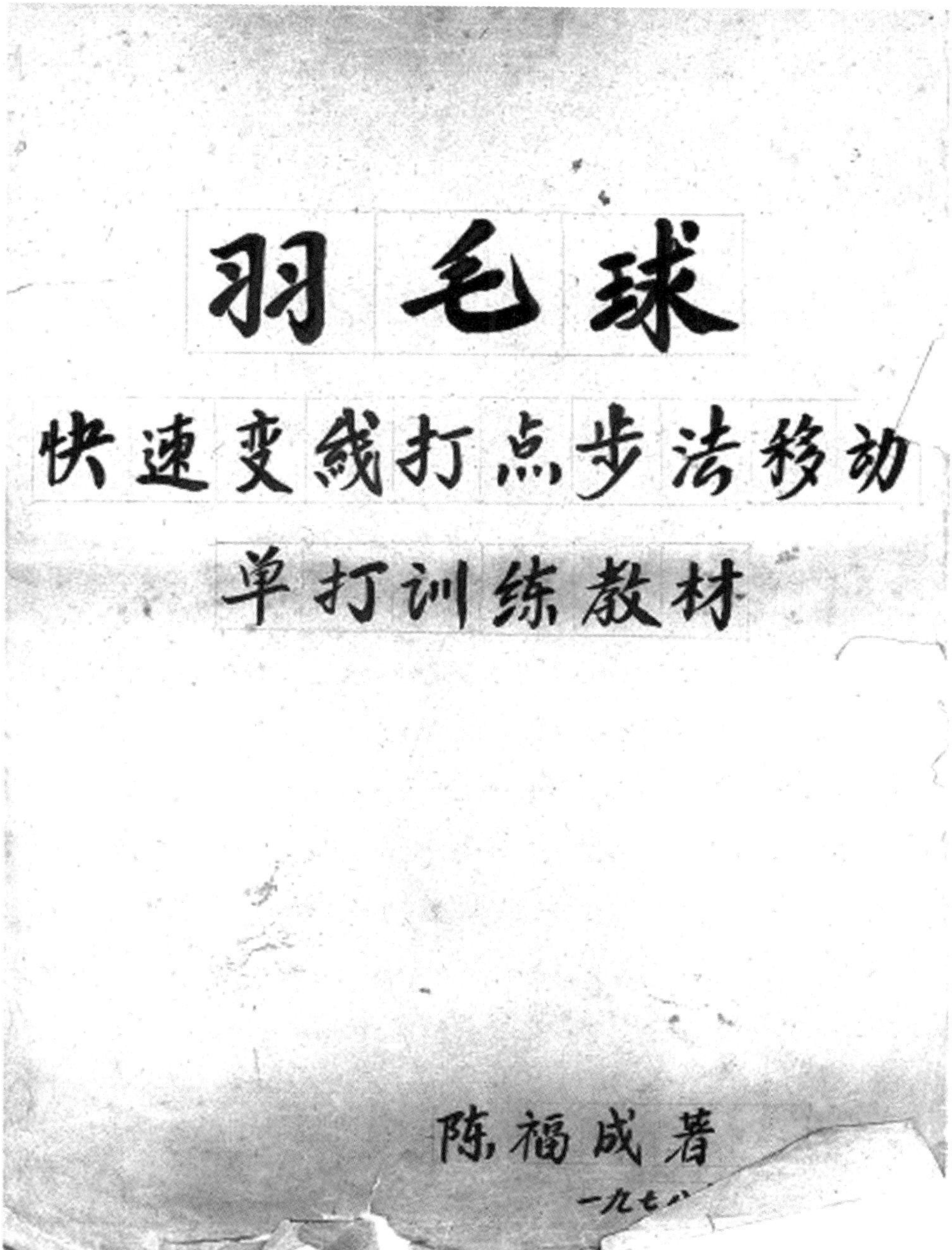

羽毛球

快速变线打点步法移动

单打训练教材

陈福成著

一九七八

▲陈福成所著教材封面

界，也是成就“大我”的动力。

在这本教材的扉页上，陈福成先生引用邓小平先生的一句话：我们的科学家、教师，发现人才，培养人才，本身就是一种成就，就是对国家的贡献。

这种扪心的自问：我能够为祖国贡献什么?

陈福成先生在1957年21岁时因为这个自问而毅然踏上归国之路。也是这种扪心的自问，韩爱萍与郭鸣在2002年放弃澳洲光辉的事业和优越的生活举家搬迁回国。

韩爱萍这样评价这本教材：从陈福成老师还在新加坡的时候把羽毛球当作业余爱好，到投身中国体育运动发展事业，需要一个探索的过程。他研究出来的这套启蒙阶段教育方法，作为文本留下来，考虑得很周全。师傅带徒弟，很少有理论传承，球路用文本和图示阐释呈现，看似简单，其实很不容易。很少有教练传授球技并形成一本书，只有有志向同时有能力的人才能做到。无数张图示，必须做到让不懂羽毛球的人也能渐渐看懂，这是认真负责执着的传授技艺者的自我要求。我们当年训练的时候，一个动作要固定下来，达标，是需要很长时间的。现在的训练方法已经改变，一个标准动作用较长的时间来固化这几乎是不可能的，谁也不可能为了一个动作的达标付出几个月的时间，教练、家长和学生，都不会同意，因为这个时代的特征就是快节奏。每个时代的特点不同。

羽毛球训练基本方法一直是在沿用的状态，但是大不一样的是在球速上。手法步法杀球高远球吊球发球，从质量上提高，追求细腻度，内容就那么多，关键是如何运用和表现。多种球路的组合也不是一成不变的，临场发挥因人而异，基本的框架大家都一样，但到了后面，如何把基本的东西变成灵活应战，根据不同的对手发挥所学技术和自身优势。随着比赛经验的累积，遇到诸多问题，于是适当调整和改变自己，终于练就出具有个人风格的打法。能够打到哪个位置上，高度速度如何，预估对方打过来的位置，这些都体现出一个羽毛球运动员的预判水平和能力。

陈福成老师三十多岁就有肝病，常常按着腹部看我们打球。他从个人的业余爱好，发展为当成自己的事业，组队，传承，一辈子在琢磨怎样去教别人打得更好，理论系统反反复复不断完善，终于形成这本厚厚的教材。

每个教练都有自己的传承方法，也根据时代需求和经验，还有自身的悟性，发现新的方法。我成为一名专业教练得益于在澳大利亚的从业经历。羽毛球俱乐部的学员从小孩到青少年到成年人，我的教学语言得让孩子听得懂，同时也是专业的，用生活化的语言，教学员如何做好并做成，这就磨炼出了属于我自己的一套更人性化的教学方法。国外走了一圈，从日本企业俱乐部到澳洲爱萍羽毛球俱乐部，完善了我的教学经历。每个学员的情况不一样，不可能是一种模式教育。战术要不断变化，但是基本球路和基础训练是有用和必需的。陈福成老师编写的这本基本球路教材是珍贵的，放在今天这个时代，也是非常有学习价值的。

教材的结束语里，陈福成先生说：愿此份教材能进一步提高中国羽毛球技术和战术水平。

在陈福成先生的发掘和培养下，大通巷小学自1963年至1978年15年时间，向湖北省羽毛球集训队和湖北省中等体育学校输送16名女队员、9名男队员。其中韩爱萍、尚福梅、杨克森、田秉毅等人由省队进入国家队，并获得全国或世界冠军的桂冠。

这本教材的内容来自15年对学生运动员们的训练实践；这本书的理论来自陈福成的全心、慧心和诚心。陈福成先生不无骄傲地以表格统计的方式记录了从1975年到1984年9位大通巷小学学子走出国门比赛的国家名称。韩爱萍：丹麦、马来西亚、英国、印度尼西亚、西德、瑞典、印度、日本、荷兰、新加坡、香港。田秉毅：丹麦、马来西亚、英国、印度尼西亚、西德、瑞典、加拿大。杨克森：丹麦、马来西亚、加拿大、泰国。刘金芳：印度。陈桂荣：波兰。饶宝健和孔庆霞：尼日利亚。张小珠：缅甸、尼泊尔、巴基斯坦。张玉芝：苏联、匈牙利。

饶宝健和孔庆霞后来成为夫妻。这本发黄的教材是1986年陈福成先生患鼻咽癌去世之前赠送给他们夫妻俩的，也给爱徒韩爱萍留了一本。但因韩爱萍在国家队常年忙于各项赛事，未能亲自收到老师的赠予。2019年早春，韩爱萍从饶宝健和孔庆霞手中接过这本40多年光阴晕染的老师旧物，不禁唏嘘满怀。

韩爱萍说，这里面的黑白照片都是当年陈老师亲自拍摄送去冲洗的。你看，大通巷小学的老教室，老师为我们划出的羽毛球训练场，还有我们训练时候的照片。

▲韩爱萍在大通巷小学羽毛球队训练

照片里10岁的韩爱萍刚刚迈入羽毛球生涯——瘦高，腿长，矫健，结实，灵活，专注，奋力，清新。

教材的名字叫：羽毛球快速变线打点步法移动单打训练教材。

在陈福成老师用石灰粉划出的羽毛球训练场地上，运动员们用欧蔼仙师娘不厌其烦每日缝补的羽毛球拍，怀着对未来完全不可知的懵然，就此走上与世界相连的羽毛球竞技舞台。

23 华年

▲2019年4月，武汉，韩爱萍赏花一幕

3月末的武汉，梅花樱花之后，桃花杏花李花全都开了，月季和蔷薇已打花苞，就要开放。静静坐在落地玻璃窗前的韩爱萍对我说：生命不在于长或者短，而在于活着的每一天是否快乐和有意义。

韩爱萍的病灶区这一次检查发现长大了一厘米多，医生采取了换药的治疗方式。这种药副作用很大，双腿关节非常吃力，几乎不能上下楼梯。这个反应过了，刚刚放下心来，韩爱萍的头发在两三天之内大把大把地脱落。

韩爱萍索性把头发全部剃干净，去买了假发套戴上。她说，化疗后的副作用，其中有一项就是掉头发，那天当我洗头真的掉发时，一阵心塞……还好这种感觉一下就过了，我必须面对残酷的现实，学会笑对人生。

关于生和死、活着的意义，无数哲学家为之奋力思索。木心曾经总结过：虽然宏大命运是人类无法掌控的，但细节中的规律性却是可以洞觉并积极响应的。

这个洞觉何尝不可以对命运做本质的调整呢——努力过了，做到过最好，活得有意思，而且有意义，不后悔，那么最后的结果就是完美。

正如韩爱萍的挚友史燕丽说的：韩爱萍是羽毛球的世界冠军，也是癌症患者里的冠军，她带动了所有认识她的人——不要惧怕疾病和死亡，要勇敢乐观地珍惜每一天。

让时光逆流，回到1976年，14岁的韩爱萍第一次参加国家队的集训，备战即将在印度海得拉巴举行的第4届亚洲羽毛球锦标赛。就在此时，韩爱萍因运动剧烈导致膝关节受伤，到医务室做理疗，因为不懂温度是可以自己调控的，10分钟过去了，20分钟过去了，医生还没有回来，而韩爱萍以为就是要高温，便忍受着，直到医生到来才明白自己的皮肤已经严重灼伤。

韩爱萍笑着说，当时我满脑子想的就是邱少云的英雄事迹。

韩爱萍特有的品质——拼搏，进取，挑战，执着。更有朴素，忍耐，谦逊，友好，达观。这些关键词集中于一个人的身上，是少见的。

40多年前膝盖上的烫伤痕迹至今还在。在此，回顾少年时代的韩爱萍在羽毛球道路上扎实而密集的脚印——10岁拿起羽毛球拍，后进业余体校，12岁进省队，14岁去国家队集训，获得亚洲羽毛球锦标赛少年组女双冠军，15岁获得全国女子单打亚军，16岁进国家队，17岁获得首个女单世界冠军……

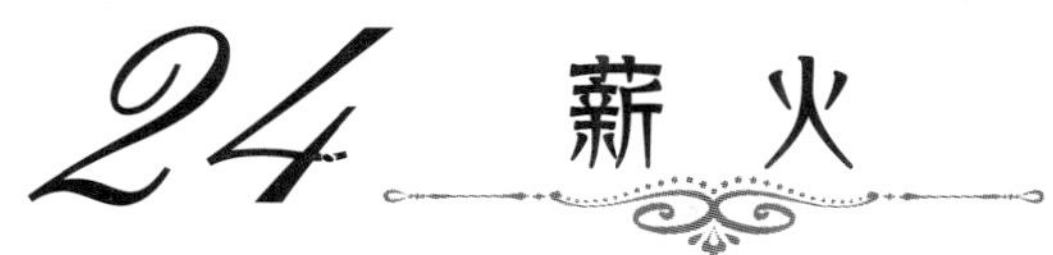

24 薪火

2002年到2006年这段时间，韩爱萍在湖北省体育局做羽毛球女队主教练，当时的湖北省体育局局长是肖爱山先生。

为此我特意登门拜访了肖爱山先生，他今年74岁，身体和精神状态都非常好，退休后依然热爱打高尔夫球和网球。

肖爱山出生在湖北红安，祖籍安徽金寨，那里是革命老区大别山。肖爱山的父亲曾是新四军五师四十四团的团长，当时李先念是五师的师长。解放前，肖爱山的父亲不幸在湖北嘉鱼县牺牲。肖爱山的母亲是新四军的一名护士，湖北钟祥人。

20世纪60年代初，湖北省组建运动队。跳水运动员肖爱山接到任务，负责组建跳水队。同仁有从印度尼西亚归国的陈玉娘，组建羽毛球队。还有后来选拔韩爱萍进入省羽毛球队的舒金兰，组建网球队。

当年湖北省没有一所业余跳水体校，人才匮乏。省队设备也非常简陋，只有一个10米跳台，一个5米跳台，一个3米跳台。跳水队没有蹦床，肖爱山就自己做。他找来水管，焊接起来做架子，找来汽车内胎做床面。蹦床做好了，但是一下雨就灌满了水。于是又得想办法为蹦床盖房子。申请到7000元经费，买砖瓦石灰等材料，请一位做泥瓦匠的学生的父亲来建，一个简单的像棚子一样的训练房就算建好了。

周继红，中国第一个跳水奥运会冠军，就是肖爱山亲自带出来的。资料记载：肖爱山刚接手周继红时，她已练了两年跳水，参加全国少年赛甚至都没拿过名次。1981年初的湖北还没有跳水馆，他带着周继红去长沙冬训，因为是借馆，只能利用中午和晚上人家休息的时候训练。5月在北京全国冠军赛，周继红一鸣惊人拿下了跳台冠军，这是湖北跳水史上的首个女子全国冠军。

1982年的全国比赛，男子团体，女子团体，混合团体，全部夺冠，全面超过业余跳水广东体校。

肖爱山感慨地说，现在的条件多么好，运动馆，塑胶场地，应有尽有。他还说，真正的人才是，不仅自己成才，而且还培养他人成才。比如湖北文联主席、著名作家刘醒龙先生，他不仅自己获得鲁迅文学奖、茅盾文学奖等国内文学大奖，他还发现和培养了一批作者，始终关心青年作家的成长。

关于韩爱萍从澳大利亚回国执教这段往事，肖爱山说，韩爱萍的成绩和人格魅力创造出了“韩爱萍时代”“韩爱萍年”“羽坛皇后”这些热词，她是为湖北体育事业做出杰出贡献的优秀运动员。

2002年上半年，韩爱萍应邀回国参加武汉市硚口区世界冠军广场落成典礼。其时，湖北省体育局正在备战全国十运会，于是力邀韩爱萍回国担任教练。在国外打拼了12年，韩爱萍清楚，要培养出世界冠军级的羽毛球运动员，只能在中国。

肖爱山说，韩爱萍在澳洲的羽毛球学校训练的学生，都把兴趣放在第一位，如果不是到了专业需求，家长和孩子都不会认真重视训练这件事。韩爱萍在这样的环境里做教练是大材小用了。她的生活很优越，家庭很幸福，但是她的事业心得到满足了吗？显然没有。湖北的羽毛球从60年代开始就是优势项目，而且女子打得比男子好，比如陈玉娘韩爱萍她们。后来男队员田秉毅培养了起来。省里一直非常重视羽毛球，韩爱萍退役后出国，田秉毅退役后在国家队做教练，省里没有太多影响力大的教练。很多运动员和教练去了广东和江浙一带，因为那里的待遇好很多。我决定用特殊政策留人。从马来西亚回来的跳水教练刘世民也是一个。刘世民是周继红之后我的关门弟子。还有两位网球教练，一共五位教练实行年薪制。

马拉松、体操、跳水、网球，都是湖北省优势项目。羽毛球和跳水后来是潜优项目。教练队伍稳定，运动员就会出成绩。韩爱萍回来后，湖北省羽毛球女队以韩爱萍为主。她与国家队的李永波、田秉毅关系良好，促进着省队和国家队的沟通联络，王晓理、赵芸蕾等一批运动员被输送到国家队。体操队和跳水队也有许多优秀运动员被输送到国家队。那个时候的湖北省体育局在全国叫得响。

发展体育和文化，都需要领军人物，一杆大旗。比如湖北京剧团，比如武汉芳草杂志社。我们当时一心想请韩爱萍回来做羽毛球队的领军人，她的影响力大，人品好，我有信心她能培养出优秀接班人。韩爱萍几乎不犹豫就同意了。这就是她的“高”，她不仅自己打出过好成绩，她还能放弃优越的生活回国执教。

搞运动是个周期活儿，3年打基础，5年出成绩，8年攀高峰。这条路要一步一步走，不可能立竿见影。调整每一个动作，要巩固，则需反复练，动作的定型是需要时间的。所以教练和运动员都要耐得住寂寞。

用人用好了，就活了。韩爱萍担纲女队教练后，肖爱山并不是经常性地到羽毛球运动队视察工作。他说，我心里放心的地方，就少去，去了会影响教练和运动员的正常训练，我不放心的地方我才会多去。

韩爱萍说，源于领导的信任，羽毛球作为省里的潜优项目，完成了全国十运会金牌任务。

肖爱山是湖北省在中华人民共和国成立后第一批自己培养起来的跳水运动员，他培养出的优秀运动员有童辉（跳水世界冠军、澳大利亚跳水队总教练），周继红（中国第一个跳水奥运会冠军、中国跳水队领队），刘世民（湖北省跳水队总教练），于芬（全国冠军赛跳板亚军、清华跳水队总教练）等。伏明霞和郭晶晶都是于芬的弟子。刘世民的弟子肖海亮（奥运会跳水冠军）是肖爱山的儿子。肖爱山的另一个传奇是，他15岁时陪伴毛泽东主席游泳过长江。

2005年，湖北省人民政府对在全国十运会上夺得金牌、创造优异成绩的运动员李婷、高崚、袁培琳、程菲、朱本强、魏轶力、李娜，夺金运动员教练余丽桥、马克勤、刘世民、韩爱萍、潘兵及做出积极贡献的省足球运动管理中心和游泳运动管理中心予以通报表彰。

25 刘 霞

2019年4月22日上午10点，上海植物园门前一家咖啡馆的玻璃门被轻轻推开，中华人民共和国第一批自己培养出来的羽毛球世界冠军之一、刘霞女士走了进来。她之前在微信里很爽快地答应了我希望采访她的请求。

刘霞生于1955年，长韩爱萍7岁。她同何翠玲、李芳、陈菊萍、付春娥等人是同龄队员。下一批成长起来的是张爱玲、韩爱萍、林瑛、吴迪西、徐蓉等。张爱玲小刘霞两岁，后来和刘霞成为女双搭档，是韩李双姝之前的刘张双姝。再下一批是李玲蔚、关渭贞、史方静、吴健秋等。每一批进入国家队的代际相差3年左右。

刘霞细细说来：其实在我之前，当然还有国家培养起来的羽毛球运动员，他们是郑慧明、邱玉芳、庾耀东、陈新辉等人，但是他们比较遗憾的是，20世纪50年代中华人民共和国刚刚成立之际，因为历史原因，没能加入国际羽联，队员们也就无法参加国际上重大的比赛。

一直到了20世纪60年代中期，中国羽毛球队以邀请赛的形式，出征印度尼西亚、丹麦、瑞典，获得全胜，尤其是汤仙虎（印度尼西亚华侨，1962年回国，入福建羽毛球队）在比赛中击败了曾6次蝉联全英锦标赛单打冠军的丹麦名将厄兰·科普斯，威震国际羽坛，表明中国实力居世界之首，被称为“无冕之王”，这是中华人民共和国羽毛球运动的第一个黄金时期。一直到70年代，中国队员才开始在国际赛事上亮相。

20世纪六七十年代国际羽坛上，日本女队、韩国、印度尼西亚女队、中国、马来西亚男队、泰国，都非常优秀。欧洲国家丹麦、英国、瑞典表现出

▲20世纪70年代的刘霞

色。陈玉娘、梁秋霞和梁小牧是中国第一批优秀的女子羽毛球运动员代表，她们三个都是印度尼西亚华侨。陈玉娘是1960年回国入湖北羽毛球队，梁秋霞是1966年回国入湖南羽毛球队。陈福寿、王文教、施宁安、王世明、侯加昌、汤仙虎、方凯祥等是中国第一批优秀的男子羽毛球运动员代表。他们都是归国华侨。

刘霞，祖籍安徽，出生在上海静安区，1971年、16岁入上海羽毛球队，1972年、17岁入国家队，陈玉娘的丈夫张光明是她的教练。1978年，23岁获得第8届亚运会单打冠军和团体冠军。1981年获美国第1届世界运动会羽毛球双打冠军（搭档张爱玲），1981年还获得第3届国际羽毛球精英大奖赛双打冠军（搭档张爱玲）。

刘霞还在1974年全国羽毛球比赛中获得女子单打亚军。张爱玲在这次赛事中获得少年女子单打亚军。到了第二年，1975年举办的全国青少年羽毛球比赛中，刘霞获得女子单打冠军，刘霞、张爱玲获得女子双打冠军。可以说，在20世纪70年代中期，陈玉娘、梁秋霞等风头依然，同时中国羽坛两朵小红花刘霞和张爱玲已长成。

这时候的韩爱萍是什么状态呢？韩爱萍在1976年，14岁参加第4届亚洲羽毛球锦标赛，获得少年双打冠军；1977年，15岁参加全国羽毛球比赛，获得女子单打亚军。这次比赛的女子单打冠军是徐蓉，季军是张爱玲，刘霞的成绩是第4。

刘霞和韩爱萍在这次比赛中第一次面对面交锋。那时不是网络时代，如果不是因为赛事，亲眼所见运动员球技，是无法提前形成非常翔实的应战策略的。时隔42年，刘霞回忆说：韩爱萍那时候还是一个小孩子，中国羽坛的一员小将，所以我完全轻敌了，她一上场就展现出了她泼辣、凶狠的球风，劈杀令人措手不及，连连的猛攻，力量和速度是完全的中国打法——快准狠。之前我从没有看过她是怎么打球的，所以开赛不久我的心态上已经处于劣势了，再加上韩爱萍球场上发挥得非常好，所以我打输了。

刘霞笑着补充了一句：从此韩爱萍就声名鹊起了！

韩爱萍是一个非常特别的孩子。刘霞说：1979年韩爱萍获得世界冠军之后，到1980年得了甲亢，她可以耐得住寂寞，治病之余就蹲在运动场上看我们打球，一看就是两年。我们都很佩服她，打心底里觉得这个孩子太有毅力和耐心了。

刘霞肯定地说：20世纪80年代整个时期，韩爱萍、李玲蔚、张爱玲、林瑛、吴迪西、关渭贞等，是中国羽坛女队的挑大梁者，蝉联三届尤伯杯，堪称巾帼英雄（中国羽坛大事记里记载有“韩爱萍获四大国际赛冠军”“1985年被国际羽联称为‘韩爱萍年’”）。

刘霞说，韩爱萍、李玲蔚几乎同时退役，新成长起来的羽毛球运动员是唐九红、黄华和史方静等，这个新的羽毛球代际里，国际羽坛出现了一位强硬的对手，是印度尼西亚羽毛球运动员王莲香，后来被称为世界羽坛新女王，给中国队带来了很大的压力。比较传奇的是，王莲香的教练是中国退役的运动员梁秋霞。王莲香和陈玉娘都是羽毛球天才，她们的球感好，腿的跑动好，身体灵敏度好，爆发力强，她们确实是偶像级的羽毛球运动员。

刘霞1983年退役，回到上海体育局工作。1990年作为国家派出教练员，去到泰国，在泰国羽毛球国家队担任教练，至1999年回国，继续在上海体育局工作，分管网球和羽毛球。刘霞说，我在泰国国家队带出的运动员最好的成绩是奥运会第5名。我们当年的老队友谢芝华很厉害，他带出的队员拿到了世界羽毛球女单冠军。我们也是多年的好朋友。他起家不易，从家庭式俱乐部做起，到后来贷款租更大的场地，邀请他当年的教练来泰国帮忙，壮大了队伍，也因为肯干和努力，取得了今天在业界的地位，泰国政府很看重他。

刘霞和张爱玲做双打搭档的时候，刘霞是网前，张爱玲是网后。过去赛事少，运动员单打双打都兼，单打的训练是极其有利于双打的，这一点韩爱萍和刘霞有着共识。后来赛事密集，运动员单打双打分开，术业有专攻。单打讲究的是腿要快，双打手法上更讲究。20世纪80年代也有只打双打的运动员，比如林瑛和吴迪西。

刘霞老师今年64岁，因为运动员出身，常年有体育锻炼的习惯，所以精神气质非常清朗。她是温和友好的，侃侃而谈羽坛往事，不厌其烦讲解羽毛球知识。她在多年前去澳洲时还拜访过韩爱萍；2002年韩爱萍在做是否回国、回到湖北工作的决定的时候，刘霞支持了她。刘霞说，回国吧，祖国大有可为，可以实现你培养奥运会冠军的梦想。

最后，刘霞深有感慨地说，羽毛球在对体能的要求上，弹跳、转体、前后、腰肌力量、专项耐力、爆发力、速度、灵敏度、灵活性……技法的多样性上，四方球、平抽挡、杀上网、吊上网、追身球、挑高球、接杀球、推平球……不比有世界第一运动美称的足球差；每一个优秀的羽毛球运动员都是在勤学苦练和常人无法比之的毅力和耐力中成长起来的。

26 姐妹

和韩爱萍一个时代的中国羽坛大将关渭贞于2019年4月24日，和助理小陈乘坐高铁，从广州来到武汉，看望韩爱萍。关渭贞只能在武汉待一夜，和韩爱萍一起吃个晚餐叙叙旧，第二天一大早赶高铁再返回广州。

5个小时的旅途，40年的老队友、好姐妹，终于见面了，气氛是喜洋洋的。张罗晚宴的人依然是韩爱萍，她走到哪里就会操心到哪里。韩爱萍一边忙碌一边对关渭贞的助理小陈说：年轻人要学会眼明手快，心中有数，身子要勤。

韩爱萍以身作则影响着身边的人，她教育和指导人的时候也令人心悦诚服，因为她的态度充满了友好、温蔼，谁的心都会融化的。我和小陈立刻主动起来，配合服务员照顾宾客。从此以后我们会更懂事，而这是韩爱萍教会我们的。

关渭贞比韩爱萍小两岁。韩爱萍1989年年底退役后，关渭贞又在国家队打了近3年，到1992年退役。关渭贞的第一位双打搭档是劳玉晶，她们俩系出同门，都是印度尼西亚华侨傅汉洵的弟子。吴迪西、林燕芬、张洁雯、谢杏芳等重量级队员，也都出自傅汉洵的门下。

关渭贞说起自己的教练傅汉洵：他是一个非常爱国的人，1960年1月乘坐轮船千辛万苦回到祖国，让中国的羽毛球在短短10年内从空白成为世界强者，他是奠基者之一。他与工农群众的感情很深，走到哪里都与工农群众打成一片，虽然他17岁之前在印度尼西亚的生活其实是很优越的，他是羽毛球世家出身，父亲是印度尼西亚北苏门答腊省先达市的华人侨领和羽毛球协会

▲2019年4月，武汉，韩爱萍（左一）和关渭贞（右一）合影

副主席。他是一个有理想有恒心的人，总是在训练前为我们队员朗诵《愚公移山》这样的励志短文。

陈玉娘也是1960年归国的，还有20世纪50年代中期回国的陈福寿等人，是他们这一代华侨培养起来韩爱萍、李玲蔚、关渭贞等一批新中国优秀的羽毛球运动员。

关渭贞后来和吴健秋也搭档过。吴迪西退役后，关渭贞和林瑛搭档，在第5届世界羽毛球锦标赛获得女子双打冠军。林瑛退役后,关渭贞与农群华搭档,继续书写着中国女双的不败传奇。1992年7月，在西班牙巴塞罗那举办的第25届奥运会，关渭贞与农群华获得双打亚军。她们之后的双打接班人是葛菲、顾俊，于1996年亚特兰大奥运会摘取了女子双打金牌。

1992年12月，关渭贞退役了，她选择回广州，第二年4月，担任广州市体委副主任。 1994年，年近30岁的她开始了正规的大学本科学习，最终完成了暨南大学新闻学院国际新闻与传播专业的学业，并获得了新闻学士的学位。到2004年，关渭贞在繁忙的工作之余又开始了有计划的专业知识学习，花了两年时间顺利完成了清华大学体育管理硕士课程的学习任务，获得该校管理学硕士学位。

关渭贞担任广州体委副主任20年间，世青赛、汤尤杯、中国公开赛、苏迪曼杯，只差一个世锦赛，广州即将成为举办羽毛球世界级大赛的大满贯城市。把广州打造成羽毛球之城，是关渭贞一直努力的方向。2009年，关渭贞获得国际羽联为她颁发的“特殊贡献奖”。

关渭贞说：广东打法非常细腻，讲究手法，相比湖北和辽宁运动员（著名羽毛球运动员韩健就是辽宁人），广东队员显得不那么能吃苦。广东运动员的技术是占优势的，只是身体素质和拼搏意识不够强。韩爱萍就是一个特别有拼搏精神的人。我记忆里最深刻的就是韩爱萍1980年得了甲亢后，每天在总局楼下的草地上练大雁功，练了两年，直到甲亢治愈，重新投入训练和比赛。韩爱萍是个太认真的人，她是我们女队的队长，凡事都走在前面，责任心强，考虑问题很周全。她住在我隔壁，很有生活情趣，学习英语，爱好摄影，热爱美食。后来郭鸣出现了，成了韩爱萍的后勤保障和心理辅导员，郭鸣每天都会给韩爱萍做好吃的，韩爱萍更是可以心无旁骛、执着于她的羽毛球事业了。韩爱萍和郭鸣是一对非常恩爱的夫妻，他们去了澳大利亚后，开创着新的事业，郭鸣陪伴着韩爱萍走了很长的路。韩爱萍当年对待我们就像大姐姐一样，带领着我们，照顾着我们，滴水之恩涌泉相报，多年后，我们在有能力关心回馈韩爱萍的时候，心里是不会忘记她的。“韩爱萍精神”，是非常励志的，我们是见证者，这种精神正是这个时代迫切需要的。2018年，我和韩爱萍、林瑛、吴迪西，在厦门相聚，随着年龄的增长，我们都更加珍惜这份从羽毛球场上培育起来的坚实的友谊。

关于全民健身，关渭贞认为广州在这方面走在了全国的最前面，20年前，广州就做到了市民30分钟健身圈、健身路径的实现。

关渭贞对新时代的运动员的寄言是：现在的运动员昙花一现的比较多，源自基础不够扎实，自我调整不充分。体育和娱乐时代的结合容易分散精力，于是能够在国际上有知名度和认可度的运动员还是很少的。希望能出更多的像韩爱萍这样的持续10年以上叱咤国际羽坛的羽毛球运动员。

27 新健将

2005年，湖北省羽毛球队队员王晓理被选入国家队。她是韩爱萍2002年回到湖北省担任羽毛球女队主教练，所带的队员之一。

一个周期是指备战全运会或备战奥运会，3年到4年，对重点队员作出的有计划的培养和训练。

王晓理到国家队的这一年是17岁。作为一名运动员，17岁这个年龄是“着急的”。这时候的她还没有在

▲2019年，王晓理

国际上拿到优异的成绩。而她在省队的教练，韩爱萍，17岁就已经夺得单打的世界冠军了。

王晓理是作为女单选手进入国家队的。传统的意识里，女单夺冠的含金量大于女双夺冠。王晓理10岁开始正式训练羽毛球，一直的愿望就是将来能够成为一名在国际上夺冠的女单选手。而对于女双夺冠，期望不是那么强烈。然而国家队将她选为女双队员进行培养。

突然要进入一个不熟悉的领域，王晓理感到非常困惑和苦恼。单打更注重个人的技法，而双打则要讲究配合。

王晓理说，当时我懵了，不知道该怎么办，于是我打电话给韩教练。

2005年的北京，王晓理给韩爱萍打了一个电话。

这让我们想起了什么？1980年的北京，刚刚在国际上夺冠的韩爱萍被查出甲亢，她的运动员生涯似乎被坚定地宣布了结束。心灰意冷但不愿放弃的韩爱萍给她在省队的教练舒金兰打了一个电话，韩爱萍说，我不想离开国家队，我想好好治病，我想病好了那天重返战场。

舒金兰是这样鼓励韩爱萍的，她说，虽然甲亢是不容易治愈的，而且甲亢对运动员来说就是运动员生涯的拦路虎，但是我知道你的意愿了，我是支持你的，我也会给国家队建议，让你留在国家队治疗，等病好了看身体情况再做计议。

“复活者”韩爱萍两年后果真重返战场，6年内横扫国际羽坛，拿下世界冠军无数，被称为20世纪80年代主宰国际羽坛格局的运动员之一。

韩爱萍接到王晓理的电话是这样劝慰和鼓励她的。首先，韩爱萍认为王晓理在17岁这个年龄到国家队，已经不算小了，所以更应该珍惜这个机会，而不是犹疑；其次，无论是单打还是双打，先不要考虑个人喜好，进入国家队本身就是难得的机会，更应该听从教练的想法和安排，逐步适应。也许这个选择并不是错的呢？而你要做的就是不能退却。

王晓理说，韩教练说话向来是朴实的，直接的，她的声音很宽和，令我们感到信任和喜欢。这是我人生中重大的转折点，我本来是想放弃的，但是我听从了韩教练的建议，调整心态，踏踏实实在国家队待下去了。

王晓理1988年出生在武汉，她的母亲叫李汉珍，武汉硚口人，曾是大通巷小学的学生，同韩爱萍、孔庆霞、张小珠、田秉毅、尚福梅、孙冰等，都是陈福成老师的学生。她们也同是业余体校的运动员，先后进入省羽毛球队。

王晓理笑着说，陈福成老师是我的师公。我妈妈那一代人都非常尊敬陈福成老师。

王晓理5岁的时候，在母亲的培养下，拿起羽毛球拍。王晓理的第一个专业教练是孔庆霞。孔庆霞是韩爱萍少年时代的女双搭档；王晓理14岁的时候，韩爱萍回国，成为她的教练。这就是命运的回环和不息吧。

王晓理说，在业余体校，孔教练不仅要培养和巩固我们对羽毛球的兴趣，还会根据我们的身体条件、心理素质、性格特点，给出将来是否走专业道路的建议。孔教练虽然是母亲的同学和同事，但是她非常严厉，第一天的课程就是“立规矩”。没有规矩不成方圆，没有规矩就不可能成为有竞技实力的专业运动员。我那时候就知道“无条件服从”要成为我的一项美德，因为教练一定是为了我好。12岁，我从业余体校进入省队。14岁那年我去国家青年队集训了3个月，回到省队的时候，韩教练回国，她成为我后来3年里的主教练。当时队里正处于青黄不接、尖子不尖的状态，培养新人输送到国家队是当务之急，我是韩教练重点培养的运动员之一。

韩教练不仅是运动员，也是一名在国外打拼了10年的优秀羽毛球教练。韩教练为湖北省羽毛球女队带回来国外先进的训练方法，这些经验和国内传统相融合，她特别注重打基础。

王晓理说，韩教练本身又有超一流的比赛经验，她的亲身经历非常宝贵，超过书本的教育。她的训练让我们少走弯路。在对待队员上，韩教练尊重她们的打法特点，在沟通上更像是朋友，是用师姐的定位来相处的，从而缩短了磨合期，集中精力投身于训练和备战中。

2005年，全国十运会上，湖北羽毛球队员高崚和魏轶力夺得女双金牌。

王晓理说，这是从来没有过的，这是湖北羽毛球在全国运动会上夺得的首金。

韩爱萍在省队担任主教练，不仅带来先进的训练方法，还带回来“康复训练”。传统的训练是力量训练和强度训练，运动员要累，要跑步，要出大力。这样的训练弊端是运动员透支过多体力，对身体的后期有损害。而康复训练的加入是在保护运动员。

王晓理说，那时候我才知道康复训练是有效的，是可以延长运动员的竞技生命的。这是运动精神里的人性化。

王晓理进入国家队奋战了10年，5年和马晋搭档，5年和于洋搭档，夺得多次国际羽联主办的世界级比赛冠军——世锦赛女双冠军、3次尤伯杯冠军、2次苏迪曼杯冠军、3次世界羽联超级系列赛总决赛女双冠军，被称为“羽毛球女双世界排名第一”。

王晓理说，我在童年时候是先知道韩爱萍这个名字，才开始关注羽毛球的。前辈为我们打下好基础，我们出去比赛总是有底气，我们也不希望前辈创造的辉煌断在我们这一代。中国羽毛球队保持了几十年的稳固飞跃，它和其他运动项目不太一样的是：羽毛球成绩是上升的，稳定的，保持住的，有团队优势，周期长。这是我们的骄傲所在。

在武汉，羽毛球是全民健身的第二大项目。第一是跑步，简便易行效果好，且无任何成本。湖北的羽毛球馆很多，爱好者达到数十万乃至一百万人。王晓理作为观察者说，走专业的孩子少了，因为能够吃苦的孩子少了。

20世纪90年代初，林瑛和吴迪西是女双佼佼者，吴迪西退役后，是关渭贞和林瑛，之后是“天下第一双”葛菲和顾俊，然后是高崚和黄穗，再然后就是活跃在2010年到2015年的王晓理和于洋。

我问王晓理，你们这一代女双运动员在国际上遇见的最大的对手是谁？

王晓理回答，我们最大的对手就是我们自己人，中国羽毛球竞技已达到世界最高水准。

比王晓理大两岁，和王晓理在省队几乎同一个周期的赵芸蕾，也是韩爱萍2002年做湖北省羽毛球女队主教练的队员。赵芸蕾如今是湖北省羽协主席，她1986年生于湖北宜昌，曾在2012年伦敦奥运会上获得女双、混双冠军，并于2014年获得国际羽联颁发的年度最佳女运动员称号。

赵芸蕾是青年一代羽毛球健将中唯一的羽毛球世界冠军双满贯得主（涵盖当今世界羽联所有的混双和女双的冠军）——奥运会、世锦赛、世界羽联超级系列赛总决赛、全英公开赛、尤伯杯、苏迪曼杯等的冠军，有混双世界排名第一的称号。赵芸蕾曾和王晓理做过女双的搭档，也曾和王晓理、于洋在赛场上对决。2016年里约奥运会后赵芸蕾退役。

▲2012年，赵芸蕾在伦敦奥运会上

我于2019年5月18日上午，来到国家体育总局训练局采访赵芸蕾。此时，第16届苏迪曼杯世界羽毛球混合团体锦标赛即将在广西体育中心体育馆进行（2019年5月19日，世界羽坛顶级赛事2019苏迪曼杯正式开赛，来自全球31个国家和地区的队伍将在中国南宁展开激烈角逐，为团体荣誉而战。南宁也成为继北京、广州、青岛和东莞之后，第5座举办苏迪曼杯的中国城市）。赵芸蕾正带领队员紧张备战。

赵芸蕾说，韩爱萍教练当年从国外回来，做我们女队的主教练，她的训练理念与国内有些不一样，会带领我们用另一种思路探索技术；训练模式、器材、器械，都有不同。而我们省队当年相对国家队和国外队是稍有落后的，韩教练带回来的经验让我们省队水平向强队靠近。韩教练的出现相当于为省队打了一剂强心针，一扇新的窗子打开了。

韩教练带队严格，管理我们的生活也严格。对老队员会人性化些，而对新队员则非常严格。我们都懂得她的用心：立了规矩，才成方圆。

湖北队员一代一代都非常能吃苦，这里面是有精神传承的，来自我们的前辈们。韩教练当年从澳洲回湖北，提高了我们的士气，给予了我们自信心。

赵芸蕾现在在国家队担任教练，羽毛球队按照奥运比赛项目细分为5个组：女单、女双、男单、男双、混双。赵芸蕾是女双组教练，协助潘莉。

28 李玲蔚

从北京天坛地铁站出来，沿着林荫马路往东走，就是国家体育总局。正对着总局大门的主办公楼，6层，灰白色，朴素平实，在半个世纪前，是体育总局运动员宿舍。韩爱萍1978年被选入国家队，从武汉来到北京，就是走进这个大院，走进这栋大楼，走上6楼羽毛球女队宿舍区，在这里一住10余年。

2019年5月14日，时任国际奥委会委员、中国奥委会副主席的李玲蔚女士，在这栋大楼的二楼的她的办公室接待了我的来访。

20世纪80年代称霸世界羽坛的双姝之一，李玲蔚——韩爱萍的女双搭档，也是女单对手，保持着青年时代的内敛和清秀，向我走来。

李玲蔚说，我是浙江丽水人，父母亲都是教师，我1975年、11岁背着羽毛球拍离开家乡进入省队。那时候丽水到杭州要坐近10个小时的长途客车。如果遇到山路塌方，就会困在半路，有一次我在金华火车站坐了一夜。现在交通很发达，动车高铁几乎全国普及，我们这一代人目睹了祖国从70年代改革开放发展到今天的巨大变化，心里常存感恩。习近平总书记说：绿水青山就是金山银山，对丽水来说尤为如此。这后半句话很多人不知道，但是我们丽水人都知道。我认为对大自然索取得少一些，大自然就会馈赠我们更多一些。丽水多年来守住了绿水青山。我是1980年进国家队的，当时就住在这栋楼的618房间，和湖北队员辜家明（退役后去日本当羽毛球教练）一个宿舍，住了7年。我很留恋曾经在国家队做队员的时光。后来回到总局工作，进到这栋大楼里时感慨万千，39年过去了。

▲青年时代的李玲蔚

韩爱萍和李玲蔚很巧合的是，都在1980年后的一两年处于身体治疗和康复阶段。韩爱萍是甲亢，李玲蔚是膝关节受损。当时羽毛球女队的主教练是陈福寿，队员大约15人，实力很强，一批人具备了世界级羽毛球水平竞争力。尤伯杯团体赛是9人组合，每一个人都必须不断进步、提升，否则就会被后面的队员替代。韩爱萍和李玲蔚是集团军的领军人物，处于第一、第二单打的位置。可想而知，两年的康复时光里，韩爱萍和李玲蔚身心压力的巨大。

逆境才使人迅速成长。李玲蔚说， 1981年我的身体状况其实面临着随时被淘汰的危险。这段抗压经历，也造就了我之后综合实力的全面提高和保持，我的理想就是成为无可挑剔的羽毛球运动员。

1983年，国际羽联和世界羽联合并后举办的第3届世界羽毛球锦标赛，李玲蔚获得女单冠军——中华人民共和国女子羽毛球运动员第一次站在了世界羽坛最高领奖台上。

李玲蔚生于1964年，小韩爱萍两岁，她进入国家队的时候，韩爱萍已经在国家队两年了。李玲蔚回忆说，韩爱萍很热情，有担当，愿意张罗队里的大小事，生活中热心帮助别人，是教练的小帮手。虽然只比我们大一点，但是就像我们的小姐姐。韩爱萍的家里常给她带来好吃的，洪山菜薹、腊肉、糍粑，韩爱萍喜欢和大家分享美食。那时候国家羽毛球队有湖北现象——湖北的运动员特别能吃苦，表现出色，比如何翠玲、田秉毅、杨克森、宰家明、尚福梅、孙冰等。韩爱萍在训练中也很能吃苦，她是一位有天赋的运动员，15岁就在国内国外拿到了好成绩，突然得了甲亢对她的打击很大，但是她很顽强，没有退却，积极治疗，重上战场。

1982年康复后的韩爱萍，在陈福寿教练的挑选下，和李玲蔚成为女双的搭档。

李玲蔚说，那时候的运动员很全面，单打双打都可以上场，平时练习单打为主。有的运动员只打单打比赛，比如韩健。有的运动员单双打都练习，但只打双打比赛，比如林瑛和吴迪西。我和韩爱萍都是单打出身，保持着单打技术风格，每次大赛前我们才拿出时间训练双打的配合、接发球和封网技术。双打上场时，我们各管半边，我是网前，她是网后，我们不走双打的套路，和正常双打的打法不一样，用单打技术的优势出奇制胜，而且放得开，挥洒自如地打，我们的组合往往令对手压力很大，很难打死我们。

我不太赞成过早地定位单双羽毛球运动员身份。单打的跑动能力和技术是双打的基本功，双打技术也可以为单打所用。

我和韩爱萍出国打比赛几乎从来没有时间逛街购物，因为我们往往要打到最后。比赛后就要去机场赶飞机，所以最后一场比赛前我们得把箱子收拾好。别人的箱子里在最后一天多的是买来的商品，而我们在比赛的最后一天箱子里多的是一个奖杯或者一个奖牌。

我和韩爱萍都是中华人民共和国体育事业发展的亲历人和见证者。个人成长与羽毛球运动的发展同步同线，这是我们的幸运。我们在物质上不是最富有的，但是我们的内心和精神是极其富足的，我们的人生的宽厚度大于普通人。我们经历过成败，经历过伤痛对我们的困扰，所以我们更懂得珍惜。20世纪80年代初，国外很少有中国游客，我们作为运动员就已经走出了国门。我1980年16岁第一次出国，去泰国参加亚洲羽毛球锦标赛，获得女双冠军，那时候的泰国和今天的泰国相比变化不是很大，而中国在今天已经发生了巨大的变化——世界的体育看中国，中国的体育看世界。这是我们的骄傲。

体育是无国界的，体育只以成败论英雄。它和别的职业领域还不太一样，体育只有一个评判标准，就是输赢，而竞技的不纯粹性带来的负面影响远远大于少得一个冠军。体育管理者要培养自己的心胸，要从历史视野中吸取教训、生出启示，帮助中国体育事业走得更稳健更有未来。

退役后，李玲蔚曾担任中国羽毛球队女单主教练，培养出了张宁（2008年北京奥运会女单金牌）、叶钊颖（全国十佳运动员）等名将。李玲蔚当年在国家队的教练是陈福寿。李玲蔚笑着说，从陈福寿教练那一辈算起，队员带队员，这都要到第五辈了。

李玲蔚说，印度尼西亚归国华侨王文教、陈福寿他们不单为祖国带回来羽毛球技术，还带回来对祖国的热爱和对事业的投入精神。陈福寿住在队里，在2楼男队员宿舍区，和队员在一起的时间远远多于和妻子女儿在一起的时间。他的女儿就对我们说过：我爸爸对你们比对我好。

▲1983年，李玲蔚（左一）获得第3届世界羽毛球锦标赛女单冠军，和陈福寿（右一）教练合影

陈福寿和队员一起住宿，一起吃食堂，一起出操，一起训练。有两件事李玲蔚至今记忆犹新。一是南方运动员第一次在北京过冬，洗澡后从训练馆走到宿舍头发都结冰了。陈福寿教练提醒她们洗澡后必须擦干头发，以防止头疼，还为她们买了毛线帽子保暖用。二是她们第一次去田径运动场跑步，陈福寿教练很不放心，他说田径队员穿着钉鞋跑步，如果不小心碰到了会有受伤的危险，一定要小心。

李玲蔚说，那天中午陈福寿教练几乎令人觉得有些啰唆，因为他提醒过了一次还不放心，又专门到6楼来，见到了队员就说一句下午训练的注意事项。我在宿舍听见陈教练在走道对韩爱萍说，小韩啊，下午训练的时候要小心钉鞋。后来我们都做了父母，才真正体会到教练爱护我们的心。我们没取得好成绩的时候，他们其实比我们还痛苦，却还要努力平静下来安慰我们。

老教练们做人低调，带队细致，人生态度非常端正。中国羽毛球女队没有负面事件，它虽然不像中国女排那么闪亮，但一直很平静，队风良好，稳中进取，这些与老教练们身上表现出的为人处世态度分不开的。16岁到25岁，9年的时间，陈福寿教练给予我的影响，是树立正确的三观。我们用这些来潜移默化地影响我们的孩子，我们的队员。技术的传授是一方面，对人的影响是另一方面。教练在我们的少年时代就把我们塑造好了，就不会改变。我们从教练那里得来的最大的收获就是对人生的态度，奖牌是数得着的，而精神是无形而永恒的。长江后浪推前浪，一切成绩都会成为往昔，但是我们成为了最好的自己，这个是永远留下来的。

陈福寿先生今年87岁，在北京居住生活。李玲蔚最近去看望过他。

李玲蔚说，我和韩爱萍、徐蓉、辜家明4个人有个微信群，沟通信息，问候健康。大家分开了很多年，随着年龄的增长，多了许多的挂念。我和韩爱萍同处一个时代，创造了中国女单、女双在国际上的神话。我退役后这么多年来，经常会被人问起：你的搭档韩爱萍现在做什么呢？韩爱萍生病后我在想：经历的富有才是人生真正的富有，我们终究是幸运的，走遍世界所拥有的内心富足感，令我们觉得这辈子很值。

29 韩爱萍赛事

1.1976年10月，印度海得拉巴，第4届亚洲青年羽毛球锦标赛，韩爱萍获少年女子双打冠军。

1976年3月在曼谷举行的第1届亚洲邀请赛上，我国的老将汤仙虎、侯加昌和陈玉娘分别败在印度尼西亚运动员拍下。这是我国羽毛球队在重大国际比赛中所遭受到的前所未有的惨败。

这次失败使国家体委和我国羽毛球界中的有识之士清醒地认识到，狠抓新手的培养已刻不容缓。

国家体委在北京举办并组织了中华人民共和国成立以来规模最大的羽毛球集训。

参加集训的人员中，除王文教因眼疾无法参加外，包括了我国老一辈最优秀的教练员林丰玉、陈福寿、杨人燧、林建成、徐权芳、张光明等人。运动员中除名将汤仙虎、侯加昌、陈玉娘、梁秋霞等人外，还有新涌现出来的庾耀东、陈新辉、栾劲、林江利、周克俭和刘霞、李芳、何翠玲、刘浩等。而大部分运动员则是14岁至20岁的青少年——

这其中就有时年14岁的韩爱萍。

事实证明，这次集训在我国羽毛球新老运动员交替的关键时刻，起到了承前继后、有机衔接的重要作用，为我国羽毛球事业在遭到“文革”毁灭性的摧残后的复苏和腾飞，打下了牢固的基础。

1976年10月21日至11月7日在印度的海得拉巴举行第4届亚洲羽毛球锦标赛，参加的国家和地区有中国、日本、印度尼西亚、泰国、马来西亚、孟加拉国、缅甸、印度、新加坡、斯里兰卡、香港、尼泊尔、伊朗、韩国等。中国代表团团长是郭雷，副团长是彭吉龙、李秀琴；男队教练是徐权芳、张光明，女队教练为陈福寿;运动员有汤仙虎、侯加昌、栾劲、庾耀东、方凯祥、郑青金、孙志安、姚喜明、陈天龙、张青松、梁秋霞、刘霞、张爱玲、李芳、何翠玲、李汀英、韩爱萍。比赛分为男子团体、男女单打、男女双打和少年男女单双打。

中国女队梁秋霞、刘霞和李芳囊括女子单打前三名。刘霞、张爱玲获女子双打冠军。方凯祥与何翠玲获混合双打冠军。陈天龙、李汀英获少年男、女单打第1名。李汀英和韩爱萍获少年女子双打第1名。

2.1977年11月，广州，全国羽毛球比赛，韩爱萍获单打亚军。

为了进一步加强后备力量的培养，国家体委采取了一系列行之有效的措施，其中关于青少年的训练和比赛，已形成了制度。1977年7月的全国少年羽毛球比赛共有27个代表队的308名运动员参加，其中有200多人是首次参加全国比赛，最大年龄17岁，最小年龄11岁，平均年龄15岁。整个比赛呈现出一派欣欣向荣的繁荣景象，涌现出了韩爱萍、林瑛、吴迪西、郑昱鲤、田秉毅、杨克森、陈瑞珍、宋幼萍等一批初露锋芒的青少年好手。

到了这一年11月，时年15岁的韩爱萍在全国羽毛球比赛中打败了许多成名老将，夺得亚军。其过人天赋显露无遗。

3.1978年、1979年蝉联全国青少年女子单打冠军、双打冠军。

1978年7月，在昆明举办的全国青少年羽毛球比赛，女单冠军韩爱萍，女双冠军韩爱萍、孔庆霞。

1979年5月举行了全国青少年羽毛球比赛，共有21个代表队的290名运动员参加，其中最大年龄19岁，最小年龄13岁。时年17岁的韩爱萍再次获得女子单打冠军。

4.1978年，武汉，全国羽毛球赛，韩爱萍获单打亚军。

韩爱萍在这一年入选国家队。23个队参赛， 357名运动员中80%以上是青少年。中国羽毛球事业显示出稳步上升的劲头。

5.1979年，香港，印度尼西亚—中国对抗赛，团体获胜，韩爱萍是成员。

1979年在香港举行的印度尼西亚—中国男、女羽毛球对抗赛上，我国以韩健、栾劲、孙志安、姚喜明、刘霞、韩爱萍、张爱玲为代表的新秀向印度尼西亚世界老牌冠军林水镜、纪明发、张鑫源等发起挑战，中国男、女队分别以6：3和5：0获胜。

6.1979年6月，杭州，世界羽联主办的第1届世界杯赛暨第2届世界羽毛球锦标赛，韩爱萍获得团体冠军和女子单打冠军。

世界羽毛球联合会是在亚非地区广大羽毛球界的倡议下，于1978年在香港成立，总部设在曼谷，联络处设在香港，会员协会22个。中国是发起国之一。1981年5月26日，国际羽毛球联合会和世界羽毛球联合会在日本东京举行会议，宣布这两个国际羽毛球组织实行联合，联合后使用国际羽毛球联合会的名称。

1979年，世界羽联主办的第1届世界杯赛暨第2届世界羽毛球锦标赛，中国队在世界杯赛中获得男团、女团冠军。女子团体成员有张爱玲、何翠玲、刘霞、韩爱萍、徐蓉、傅春娥；在世界羽毛球锦标赛中获得男子单打（韩健）、女子单打（韩爱萍）、男子双打（孙志安、姚喜明）3枚金牌。

7.1980年，1981年，甲亢治疗、身体休养。

8.1982年9月，病愈复出，上海，韩爱萍获全国羽毛球比赛女单亚军。

16个单位、240名运动员参赛。比赛结果女单前三名是张爱玲、韩爱萍、吴健秋。

9.1983年1月，日本公开赛（一年一度在日本举行的羽毛球比赛），韩爱萍获女单冠军。

男单冠军是韩健，女单冠军是韩爱萍。男双冠军和女双冠军由瑞典和英国选手获得。

10.1983年5月，丹麦哥本哈根，第3届世界羽毛球锦标赛（是国际羽毛球联合会主办的世界最高水平的羽毛球单项比赛），韩爱萍获女单亚军。

1934年，国际羽毛球联合会在英国成立，是第一个世界性的羽毛球组织。1977年在瑞典的马尔默举行了第1届世界羽毛球锦标赛。后每3年举行一次。当时因中国不是国际羽联成员，所以未能参加前两届世锦赛。中国从1981年成为国际羽联的正式会员。

1978年，世界羽毛球联合会成立。在两个组织联合之前，它们各自已经举行了两届彼此认为是世界性的羽毛球单项比赛，即国际羽联于1977年和1980年，而世界羽联在1978年和1979年。

1981年，两个国际性羽毛球组织宣布联合，名称仍为国际羽毛球联合会。在联合会上协商决定，每两年举行1次世界羽毛球单项比赛，即世界羽毛球单项锦标赛，并延续两个国际羽毛球组织以前的届数，共同迎来第3届世界羽毛球锦标赛。

1983年在丹麦首都哥本哈根正式举行了第3届世界羽毛球锦标赛。此项赛事只进行5个项目的比赛，即男女单打、男女双打和混合双打。所有项目的冠军都将获得金牌，亚军得银牌，半决赛的负者得铜牌。1983年在丹麦哥本哈根举行的第3届世界羽毛球锦标赛是中国进入国际羽联后首次参加世锦赛，这次比赛云集了世界羽坛所有名将。中国选手李玲蔚，林瑛、吴迪西夺得女子单打和双打两项冠军。中国选手韩爱萍获女单亚军。

11.1983年，马来西亚吉隆坡，第3届世界杯羽毛球赛，韩爱萍获女子单打、双打冠军。

由国际羽联主办、厂商赞助的世界高水平羽毛球单项比赛，每年1届，与世界羽毛球锦标赛不同的是，前两届只设男女单打两个项目，第3届开始增设男子双打、女子双打、混合双打。世界杯赛事由国际羽联邀请当年成绩优异的选手参加，只有本年度各赛事中表现出色、名次排前的选手有资格参加。第1届阿尔巴世界杯羽毛球锦标赛于1981年在马来西亚举行。

1997年世界杯羽毛球锦标赛停办，2005年、2006年世界杯恢复举办，中国益阳市承办最后两届世界杯，2006年，世界杯羽毛球赛正式停办。

“百炼精钢绕指柔”

——记羽坛女名将韩爱萍

韩爱萍出生在武汉市一个工人家庭，十二岁在小学念书时就迷上了羽毛球，两年后便崭露头角，夺得亚洲羽毛球锦标赛女子少年组双打冠军和单打亚军。翌年，她参加了全国羽毛球赛成年组比赛，夺得女子单打亚军。1979年，在杭州第一届世界杯羽毛球赛上，韩爱萍大显身手，为我国夺得团体冠军立下了汗马功劳，而且荣膺了第二届世界羽毛球锦标赛女子单打冠军，一时名噪国际羽坛。

然而，正当韩爱萍奋力攀登技术高峰的时候，却患了一场重病，不得不忍痛暂时停止训练。但她的心却始终未离开球场。她不能参加

采用快速劈杀或下压半场。尤其是善于处理左场区域的头顶对角线，吊球、杀球威力较大，迫使对方处于被动，然后大步上网扣杀。她这几招相当厉害，在前不久举行的“航空杯”羽毛球精英赛上采用这些技术，勇挫群芳，一举夺得女子单打冠军。这是她十年来第一次在全国比赛中夺得冠军。赛后，她笑着说：“拿全国冠军不是我的最终目的。”“百炼精钢绕指柔”，果然，韩爱萍在这次吉隆坡羽毛球大奖赛中，不负众望，一举夺魁。目前，韩爱萍正在积极准备迎接1985年1月在香港举行的国际羽毛球公开赛。

·卢雯·

▲1984年，《南方日报》报导韩爱萍夺冠

12.1984年，马来西亚吉隆坡，第10届尤伯杯女子羽毛球团体赛，韩爱萍获团体冠军。

尤伯杯羽毛球锦标赛，也称世界女子羽毛球团体锦标赛。国际羽联主办，是世界最高水平女子团体赛。创始人是英国著名的羽毛球名将尤伯夫人。每三年1届，1956年在英国兰开夏郡举行了首届尤伯杯赛，当时尤伯夫人主持了比赛的抽签仪式。1984年起和汤姆斯杯比赛一样，均为每两年举行1次。

中国女队第一次参加在马来西亚举行的第10届尤伯杯赛，以5：0战胜英格兰队，第一次把中国的名字刻在尤伯杯上。这些巾帼英雄的名字是张爱玲、林瑛、吴迪西、吴健秋、徐蓉、钱萍、韩爱萍、李玲蔚。

13.1985年5月，加拿大卡尔加里，第4届世界羽毛球锦标赛，韩爱萍获女单冠军、女双冠军。

第4届世界羽毛球锦标赛于1985年6月10日至16日在加拿大卡尔加里市马鞍形体育馆举行。比赛结果，中国选手韩健、韩爱萍，韩爱萍和李玲蔚分别

夺得男、女单打和女子双打3项冠军。在本届比赛中，中国女选手表现尤为突出，包揽了女子单打前三名和女子双打冠、亚军，又一次充分显示了雄厚的实力。

14.1985年，英国伦敦，全英羽毛球公开赛，韩爱萍获女单冠军，女双冠军。

全英羽毛球公开赛，是世界羽毛球系列大奖赛之一。公开赛指不限制参加人员身份，职业及业余者皆可参加的比赛。

著名的传统比赛有：中国台北羽毛球精英邀请赛、日本尤尼克斯羽毛球公开赛、全英羽毛球公开赛、中国香港羽毛球公开赛、泰国羽毛球公开赛、马来西亚羽毛球公开赛、印度尼西亚羽毛球公开赛、丹麦羽毛球公开赛、中国羽毛球公开赛。

全英羽毛球公开赛，简称全英赛，是当今世界上最古老的羽毛球赛事。在1898年Guildford成功举办第一次世界羽毛球锦标赛后创建，1899年4月第一次全英比赛成功举办，之后每年3月的最后一周举行。但是，当时只进行三个项目（男双、女双和混双）的比赛，男子单打和女子单打都是在第2届时加入。全英赛的创办大大刺激了羽毛球运动的发展，从一开始少数几个说英语的国家和地区，迅速向其他地方蔓延。到1934年，国际羽毛球联合会应运而生。

全英赛与汤姆斯杯、尤伯杯并称为世界羽坛“三大赛”。全英赛现在主要经费来源于日本的尤尼克斯公司。该企业买断全英赛冠名权，已连续赞助20年，成为英国体育历史上赞助一项赛事时间最长的企业，于1984年更名为尤尼克斯全英公开赛。

1984年全英赛，韩爱萍负于李玲蔚获得女单亚军。1985年全英赛，韩爱萍获女单冠军和女双冠军，搭档李玲蔚。

15.1985年，瑞典羽毛球公开赛女单冠军、女双冠军。

男单冠军韩健，男双冠军李永波、丁其庆，女单冠军韩爱萍，女双冠军韩爱萍、李玲蔚。

16.1985年，香港羽毛球公开赛，韩爱萍获女单冠军、女双冠军。

香港羽毛球公开赛，官方名称为“香港公开羽毛球锦标赛”，是从1982年开始一年一度在香港举行的羽毛球比赛，但不是每年都有比赛。本赛事由世界羽毛球联合会（BWF）认可，香港羽毛球总会主办，一般在每年的11月举行。自1982年成立以来，本项赛事已成为国际羽毛球格兰披治赛的其中一个赛站。从1982年起，历届赛事皆在湾仔伊利沙伯体育馆（新伊馆）举行；后由于场馆未能符合超级系列赛必须同时进行四场比赛的规定，故从2011年起改以香港红磡体育馆作为主场馆。

韩爱萍蝉联本赛事1985年、1986年、1987年女单冠军，1985年、1986年女双冠军。1989年又获女单冠军，为本赛事夺得最多冠军的女子选手。

1985年香港羽毛球公开赛男单冠军杨阳，女单冠军韩爱萍，女双冠军韩爱萍、徐蓉。

17.1985年马来西亚羽毛球公开赛，韩爱萍获女单冠军、女双冠军。

马来西亚羽毛球公开赛，是一年一度在马来西亚（一般在吉隆坡）举行的羽毛球比赛。马来西亚公开赛从1937年开始，已经在不同的地方举行，比如：新山、亚庇、古晋、槟城、雪兰莪和关丹。

1985年比赛，男单冠军弗罗斯特，男双冠军李永波、田秉毅，女单冠军韩爱萍，女双冠军韩爱萍、李玲蔚。

18.1985年，马来西亚羽毛球大师赛女双冠军。

19.1986年5月，印度尼西亚雅加达，第11届尤伯杯女子羽毛球团体赛，韩爱萍获团体冠军。

团体成员:李玲蔚、韩爱萍、林瑛、吴迪西、郑昱鲤、关渭贞、吴健秋、劳玉晶。

20.1986年9月，韩国汉城（现名为首尔），第10届亚运会，韩爱萍获羽

鏖战再现新丰采

——记羽毛球运动员韩爱平

体育报 一九八六年十二月十四日

要说虎年虎将，属虎的韩爱平当之无愧。

韩爱平患"甲亢"病后复出，1985年以"猛虎下山"之势，夺得了全英公开赛和世界锦标赛的冠军，又与队友合作，夺得了六项世界大赛的女子双打冠军。到去年年底，韩爱平共捧回13块金光闪闪的国际比赛的金牌。新华社年终体育稿宣称："韩爱平无疑是今年羽坛的头号巾帼英雄"。国外还有人称1985年是"韩爱平年。"

带着这股"虎"劲，韩爱平又闯入了举世瞩目的1986年"尤伯杯"比赛。

4月22日，印度尼西亚"尤伯杯"比赛战幕拉开。有意思的是，韩爱平的生日也正是这一天。"尤伯杯"比赛是一次世界最高水平的羽球团体大赛。东道主印度尼西亚队占有天时、地利，人称这次比赛为"虎口拔牙"。韩爱平虎岁的第一天就这样开始了。

虎年开门见喜。做为中国女队台柱的韩爱平和同伴们一起拚搏，杀出重围，捧回了代表世界最高荣誉的"尤伯杯"。接着，韩爱平又在5月份福州举行的第一届中国羽毛球公开赛上力克群芳，摘取女单桂冠。

9月份出征汉城，韩爱平又经历了一场鏖战，不管人们用什么样的词赞美，韩爱平终究还是韩爱平，是英雄，也是凡人。去汉城之前，韩爱平甚至痛切地恨起自己来。训练场上，明明这个球该打过去，可球拍就是不听话，打出的球飘飘忽忽地飞，弄得韩爱平不知所措。这种现象一直延续到赛前，整个人提不起精神来。小小的羽毛球象着了魔那样不听话，想拨，拨不过去，想杀，总下网。韩爱平对自己没了谱。

女子团体决赛的第二盘，韩爱平对南朝鲜的金练子。在此之前，队友李玲蔚与南朝鲜的黄惠英对阵，以2比1很吃力地赢了。事情就是这么怪，轮到韩爱平上阵，一见到球网，她忽然奇异地感觉信心满怀。球开始稳稳地打开了，慢慢地变得又刁又辣。韩爱平抓住机会突击进攻，使对手金练子无法招架。她以11比4、11比5直落两局，很轻松地赢了这关键的一盘。

接着，她又与老搭档李玲蔚合作，在强烈的外界干扰下，力挽狂澜，为中国女队夺冠又拿下珍贵的一分。尔后，她再次单枪匹马，披挂上阵，连胜对手，又把女子单打的金牌夺到手。

赛前训练与比赛结果之间的关系似乎有些微妙，韩爱平也不知其所以然。比赛下来，她对队友钱萍还唠叨："我没想到我能打好。"后来她总结说，"可能是我精神高度集中，对自己估计低了点，对困难考虑得多了点，所以上了场打得也就踏实了一点。"

其实，又何止这些呢。

"小韩平时训练肯动脑筋，肯认真总结自己"。中国羽毛球队教练陈福寿这样来评价韩爱平。要说训练刻苦，韩爱平不含糊。但韩爱平更主要的是"认真"。她完成教练规定的任务从来不打折扣。羽毛球运动员最讲"感觉"，有时候，她练来练去，自己手感总是别别扭扭。每逢这时，她就干脆请教练陪她加班。教练也累，但心里总是甜滋滋的。陈指导说："其实，她不见得是技术掌握不好，总是自己给自己出难题。"

1986年是一个紧张得几乎没时间喘息的年头。从亚运会归来，韩爱平马上就回故乡代表湖北队参加全国羽毛球比赛。比赛刚结束，她又匆匆赶回北京，收拾行装赴印尼参加世界杯大战。临行前她说："很紧张，很累，但还得拚命打。"

11月13日，她从印尼捧回了世界杯赛的女子双打奖杯。这是她在今年国际大赛中获得的第六个冠军。 林芳

韩爱平网前救球。 本报记者孙文志摄

虎年虎将

一九八六年优秀运动员介绍

▲1986年，《体育报》报导韩爱萍夺冠

毛球女团冠军和女单冠军。

1962年在印度尼西亚举行的第4届亚运会上，首次将羽毛球列为正式比赛项目。设男、女团体，男、女单打，男、女双打6个项目。1965年第五届亚运会上又增设了混合双打。亚运会羽毛球比赛是亚洲最重要的比赛，受到各国和地区重视，代表亚洲羽毛球运动最高水平。

21.1986年11月，印度尼西亚雅加达，第6届世界杯羽毛球赛，韩爱萍获女双冠军。

双打搭档，李玲蔚。

22.1987年5月，北京，第5届世界羽毛球锦标赛，韩爱萍获得女单冠军、女双亚军。

第5届世界羽毛球锦标赛于1987年5月18日至24日在中国北京举行。中国选手创造了世界锦标赛史上的奇迹：夺得了全部五个项目的冠军。男子单打决赛中国的杨阳击败了丹麦球王弗罗斯特。男子双打决赛李永波、田秉毅击败马来西亚的西迪克兄弟夺冠。中国选手韩爱萍击败队友李玲蔚成功卫冕。林瑛、关渭贞，王朋仁、史方静分获女双，混双冠军。

自从1981年世界羽联与国际羽联合并，两家同办羽毛球世锦赛开始至今，中国选手在女单项目上几乎处于垄断地位。从1983年至今的十四届羽毛球世锦赛中，中国选手12次夺得女单冠军。其间，仅有两次失手，夺冠次数，仅次于女双。其中，80年代是著名的“韩李时代”，李玲蔚和韩爱萍两名中国选手垄断了1983年至1989年的四届世锦赛女单冠军。其中两人各两冠。

23.1987年10月，马来西亚吉隆坡，第7届世界杯羽毛球赛，韩爱萍获女双冠军 。

双打搭档，李玲蔚。

24.1988年5月，马来西亚吉隆坡，第12届尤伯杯女子羽毛球团体赛，韩爱萍获团体冠军。

成员：李玲蔚、韩爱萍、郑昱鲤、施文、林瑛、关渭贞、劳玉晶、辜家明、尚福梅。

25.1988年9月，泰国曼谷，第8届世界杯羽毛球赛，韩爱萍获女单冠军。

26.1988年9月， 韩国汉城，第24届奥林匹克运动会，韩爱萍获表演项目羽毛球女单银牌。

羽毛球不仅具有很强的竞技性，还具有较之其他运动项目更强的表演性。它的手法就有搓、推、钩、扑、放、杀、拉、吊、抽、挑、挡等。吊球又分为轻吊、劈吊、正手吊、反手吊、头顶吊等。步法有垫、跨、蹬、跳、前跑、后退、侧移、交叉等。因此，羽毛球比赛时，运动员的行动具有很强的表演美感，柔刚快慢，细腻迅疾。

在羽毛球1992年被列入奥运会之前，羽毛球世锦赛是水平最高的羽毛球单项比赛，韩爱萍和李玲蔚都参加了4届世锦赛，都获得了3金2银。80年代末，两人相继退役，没能等来一届奥运会，也成了她们辉煌竞技生涯中的一处遗憾。

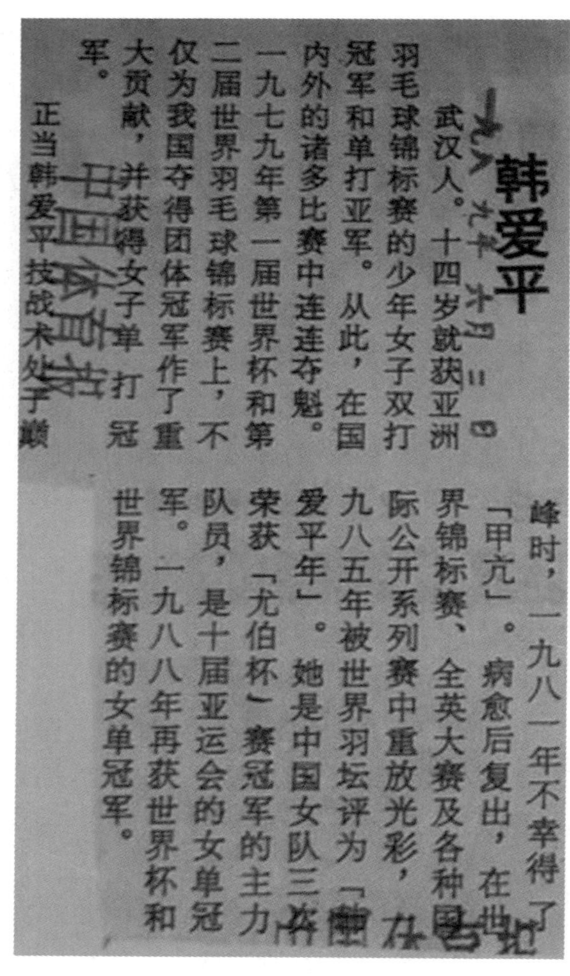

韩爱平

武汉人。十四岁就获亚洲羽毛球锦标赛的少年女子双打冠军和单打亚军。从此，在国内外的诸多比赛中连连夺魁。一九七九年第一届世界杯和第二届世界羽毛球锦标赛上，不仅为我国夺得团体冠军作了重大贡献，并获得女子单打冠军。

正当韩爱平技战术处于巅峰时，一九八一年不幸得了「甲亢」。病愈后复出，在世界锦标赛、全英大赛及各种国际公开系列赛中重放光彩，一九八五年被世界羽坛评为「韩爱平年」。她是中国女队三次荣获「尤伯杯」赛冠军的主力队员，是十届亚运会的女单冠军。一九八八年再获世界杯和世界锦标赛的女单冠军。

▲1988年，《中国体育报》报导韩爱萍夺冠

27.1988年瑞典羽毛球公开赛，韩爱萍获女单冠军。

28.1988年马来西亚羽毛球公开赛，韩爱萍获女单冠军。

29.1988年日本尤尼克斯羽毛球公开赛，韩爱萍获女单冠军。

30.1988年德国羽毛球公开赛，韩爱萍获女单冠军。

31.1989年马来西亚羽毛球公开赛，韩爱萍获女单冠军。

32.1989年香港羽毛球公开赛，韩爱萍获女单冠军。

33.1989年柯尼卡杯羽毛球邀请赛，韩爱萍获女单冠军。

三夺尤伯杯的主力

——记韩爱平

功崇惟志，就是说功高者，必为有着坚强意志和毅力之人。用这句古人的名言来概括27岁的羽坛老将韩爱平，是再合适不过了。

曾为祖国赢得了13项世界冠军的羽坛老将韩爱平，今年初在世界羽毛球大奖赛总决赛上，力克淘汰了世界名将李玲蔚的南朝鲜新秀李英淑，勇夺女单冠军。在最近刚刚结束的世界杯羽毛球赛上，又荣获亚军，此外，她今年还夺得了香港、丹麦、马来西亚公开赛和在新加坡举行的柯尼卡杯比赛的冠军。她之所以能在重病之后，仍然宝刀不老，青春常在。正是她自己常说的“战胜自我”精神和强烈事业心的集中体现。

韩爱平从14岁第一次获得亚洲羽毛球锦标赛少年女子双打冠军和女子单打亚军开始，十几年来南征北战，1981年，正当19岁的韩爱平蓬勃向上，技术开始走向巅峰，迎接世界羽坛的黄金时期，她却不幸患上了严重的“甲亢”，曾被一些医生判了运动寿命的“死刑”。面对这样严峻的考验，韩爱平没有退却，而是凭着顽强的意志和执着的事业追求，在积极配合医生治疗的基础上，仍然坚持不间断的小量技术练习，最后终于战胜病魔，也保持住了良好的技术基础。病愈复出不久，便在世界锦标赛、全英大赛及各种国际公开系列赛重放光彩。1984年，她在国际大赛中，一连夺得12枚金牌，从而威震天下。1985年被世界羽坛评为“韩爱平年”。她是中国女队三次荣获“尤伯杯”赛冠军的主力队员，是第十届亚运会的女单冠军。1988年再获世界杯和世界锦标赛的女单冠军。

今年6月，她建立了自己的小家庭，但她并没有沉醉于幸福的爱情生活，也放弃了随爱人出国留学的机会，毅然又回到了国家队，开始了新的拼搏。

杨玲

▲1989年，《中国体育报》报导韩爱萍三夺尤伯杯团体冠军

34.1989年国际羽联羽毛球大奖赛决赛，韩爱萍获女单亚军。

35.1998年，韩爱萍入选世界羽毛球联合会名人堂。

世界羽联名人堂设立于1996年，首批有4人入选，其中包括汤姆斯杯、尤伯杯两项团体大赛冠军奖杯的捐献者——汤姆斯爵士和尤伯夫人，汤姆斯爵士是前国际羽联首任主席，尤伯夫人是20世纪30年代著名双打选手，多次在全英公开赛夺得女双、混双冠军。

1997年有13名人士入选，他们来自于丹麦、英国、印度尼西亚、印度、马来西亚、瑞典、美国7个国家，入选者中，既有庄友明、梁海星等一代巨星，也有前国际羽联主席莫荷林、雷迪等。值得一提的是，入选者中还有被誉为“印度尼西亚羽毛球之父”的苏迪曼。苏迪曼是印度尼西亚羽协创始人，在该组织执掌22年，创办于1989年的苏迪曼杯世界羽毛球混合团体锦标赛，这项赛事就是为了纪念苏迪曼而创办的。印度尼西亚羽协向前国际羽联赠送了苏迪曼杯，作为赛事的冠军流动奖杯。

1998年，有10名中外人士有幸成为名人堂成员，他们中包括两名中国羽

毛球宿将——韩爱萍、李玲蔚。20世纪80年代中后期，她们俩几乎是羽毛球女单冠军和女双冠军的代名词，除1989年世界杯被印度尼西亚小将王莲香夺得外，1983年至1989年在世锦赛、世界杯两项大赛产生的另10个女单冠军均为韩爱萍和李玲蔚两人所获。

入选的8名外国人士，知名度最大的是前欧洲球王弗罗斯特，他和杨阳、赵剑华以及印度尼西亚的林水镜并称为20世纪80年代“四大天王”，弗曾多次在全英公开赛夺冠。然而，这位欧洲球王始终未能在世锦赛、世界杯两大赛事上夺冠，两项大赛均两次夺得亚军。

1997年至2004年，每年均有一批羽坛著名人士“登堂入室”。2002年，有3位中国人迈进名人堂，他们是汤仙虎、侯加昌、陈玉娘。这3位宿将均是20世纪六七十年代羽坛巨星，他们打遍天下无敌手，由于当时中国在国际羽毛球联合会的合法地位没有恢复，一直不能参加世界性比赛，汤仙虎等3人被国外通讯社称为“无冕之王”。

2011年入选名人堂的5位人士是清一色中国宿将，他们是李永波、田秉毅、高崚、张军、黄穗，使入选世界羽联名人堂的中国人达到15人，总人数位居各国之最，再次展示世界羽坛第一强国的风采。

韩爱萍的话

关于我的羽毛球生涯，这本书里都已写。

岁月匆匆，1979年的我在杭州参加世界杯和世锦赛，40年的岁月如流金历历在目。

2019年是祖国的好年份，这一年，中华人民共和国成立70周年，也是改革开放的第41个年头。我是和改革开放同步成长起来的一代人，我见证了祖国从清贫到繁荣的行走历程。这是我的骄傲。

我是地道的武汉人。硚口是武汉经济发展的根，我出生并成长于硚口。我对武汉的感情，就如孩子对母亲的眷恋。这也是后来我和先生从澳大利亚回到祖国执教的重要原因。今天我依然想说，我很高兴我们回来了，我能够为湖北的体育事业献上我的一份力量，这于我的自我价值肯定是有重要意义的。

2019年也是武汉的好年份，第7届世界军人运动会将于10月在这片热土举办。体育和民生，健身和民强，活力和国富，这是我常常思考的问题，我很高兴地看见我们的人民拥有更多的健身场所和绿色跑道。

我拼搏过，奋斗过，抉择过，也遇见了一路走来大大小小的挫折，但我是快乐的，因为我收获到许多组织和个人对我的关爱，请允许我在这里向你们表达我的感谢之情。他们是：

我的家人，好友朱德静、袁善腊先生，湖北省文联主席刘醒龙先生，以及湖北省体育局、湖北省政协、湖北省统战部、湖北省卫生健康委员会、致公党湖北省委、硚口区委、硚口区政府、武汉市体育局、尤尼克斯（上海）

体育用品有限公司、协和医院肿瘤中心以伍钢为首的医生团队、宋庆龄基金会、中华慈善总会、阿斯利康投资（中国）有限公司、汉江湾模特行走艺术团等。

韩爱萍写于2019年6月12日

附录一　1910—1989年中国羽坛大事记（摘要）

羽毛球的英文名叫“badminton”，音译为伯明顿，是因为现代羽毛球起源于1870年英国格拉斯哥郡的伯明顿镇。1877年英国出版了第一部羽毛球竞赛规则，同年英国成立了羽毛球俱乐部（1985年，韩爱萍获选全英国羽毛球俱乐部终身会员）。1899年，首届全英羽毛球锦标赛在英国举行。

羽毛球游戏在2000多年前就有了。中国叫打鸡毛球——在地上画一条线，一方打过来的球，另一方必须打回去。

现代羽毛球是用14～16根羽毛固定在一个软木托上而制成的，重量约5克。现代羽毛球场是长方形场地，长度13.40米，双打场地宽为6.10米，单打场地宽为5.18米。羽毛球网长6.10米、宽0.76米，为优质深色的天然或人造纤维制成，网孔大小在1厘米到2厘米之间。标准羽毛球网应为黄褐色或草绿色。网柱高1.55米。

到了20世纪初，规范的羽毛球自英国传到中国。人们争相围观街头比赛。

1910年前后

现代羽毛球运动由欧美人士传入我国上海、福州、天津、北京、成都等地。

1944年

9月，上海羽毛球协会成立，这是国民政府成立的第1个地方羽毛球协会。

1948年

5月，国民政府举办第7届“全运会”，羽毛球运动被列为表演项目。

1949年

5月，经常进行羽毛球活动的上海四川路美国海军青年会，由上海青年会接管。

10月，由上海青年会干事司徒桐与球员王中成翻译完成了第一部正式的全国统一使用的羽毛球比赛规则。

1950年

香港羽毛球总会加入国际羽联。

1953年

5月2日，在天津举行全国篮、排、网、羽四项球类运动大会。

6月，以王文教、陈福寿等4人组成的印度尼西亚华侨羽毛球队随印度尼西亚华侨体育观光团来华献技。

1954年

7月，中央体育学院竞技指导科成立羽毛球班。

1956年

5月20日至6月5日在天津举行全国十一城市羽毛球比赛。参加单位有北京、天津、上海、沈阳、南京、福州、厦门、武汉、重庆、青岛、广州等地方球队。比赛设男子单打（北京王文教）、男子双打（北京王文教、陈福寿）、女子单打（福州林小玉）、女子双打（上海白志丹、郑志英）4个项目。

7月，印度尼西亚羽毛球队来华访问。共赛50场，印度尼西亚队胜44场，负6场。

12月，台湾创立中华羽毛球协会。

1957年

3月，中国羽毛球队回访印度尼西亚。共赛9次45场，胜7次30场，负2次15场。

5月，在上海举行由北京、上海、广州、南京、福州、厦门6个城市参加的全国羽毛球比赛。比赛设男子单打、女子单打、男子双打、女子双打4个项目。

7月，中国羽毛球队赴莫斯科辅导苏联队训练并参加第7届世界青年联欢节羽毛球比赛，中国队在比赛中获3枚金牌、2枚银牌。

9月，台湾中华羽毛球协会加入国际羽联。

1958年

9月11日在武汉召开中国羽毛球协会成立大会。任思治被选为主席，林启武、郭得观被选为副主席。

9月14日至10月3日，在武汉举行了由北京、上海、天津、广州、福州、厦门、南京、武汉、成都、桂林、杭州11个城市参加的全国羽毛球比赛，这届比赛增设了混合双打项目。

1959年

2月，在广州举行首次全国少年羽毛球比赛。徐权亨夺得男子单打冠军，陈丽娟夺得女子单打冠军。

3月，在上海举办全国羽毛球邀请赛。参加单位有福建队、广东队、上海队、河北队、江苏队。

9月，在北京举行第1届全国运动会，设有羽毛球比赛项目。共有21个省、市、自治区的羽毛球队参加了这届体育盛会。比赛项目设有男子单打（王文教）、女子单打（陈家琰）、男子双打（王文教、陈福寿）、女子双打（陈家琰、黄彬）和混合双打（陈福寿、陈家琰），并根据各单项前八名的相应分数计算出团体前八名的名次。团体前三名的名次依次为福建队、广东队、上海队。

1963年

7月11日至8月12日，印度尼西亚羽毛球队访问我国。中国羽毛球队、中国青年羽毛球队、广东队、福建队与之比赛10场，我国羽毛球队胜6场负4场。

11月，中国羽毛球队参加了在印度尼西亚首都雅加达举行的第1届新兴力量运动会羽毛球比赛，获得了女子团体冠军，男子团体亚军，男子单打第

一、二名，女子单打第二、三名，男子双打第二、三名及女子双打第二、三名的优异成绩。

1964年

7月16日至28日第1届全国羽毛球训练工作会议在北京召开。在这次会议上，明确了我国羽毛球运动“快、狠、准、活”的技术风格，规定了“以我为主、以快为主、以攻为主”的发展方向。

1965年

9月，在北京举行第2届全国运动会羽毛球比赛。男子团体前三名为：福建队、广东队、湖南队；女子团体前三名为：湖北队、广东队、福建队。

10月，中国羽毛球队访问丹麦、瑞典。访丹麦出战24场，访瑞士出战10场，均获全胜。

1966年

4月19日至5月4日，丹麦羽毛球队访问我国。客队与我国国家队比赛两场0：10负，与国家二队比赛两场1：9负，与上海队比赛一场2：3负，与湖北队比赛一场2：3负，与福建队比赛一场1：4负，与广东队比赛一场1：4负。同年，印度尼西亚羽毛球队访问我国，与中国羽毛球队比赛一场1：4负，与广东队比赛两场均以2：4负。

同年11月，中国羽毛球队回访印度尼西亚，再次击败印度尼西亚羽毛球队。

1971年

2月，国家羽毛球集训队成立。

1972年

6月，在北京举行全国足球、排球、篮球、乒乓球、羽毛球五项球类运动会。有12个单位参加羽毛球比赛。各项比赛的冠军分别是：男子单打（广东侯加昌），女子单打（湖北陈玉娘），男子双打（广东侯加昌、汤仙虎），女子双打（湖北陈玉娘、梁秋霞）。

7月4日，周恩来总理亲临广州二沙头训练基地视察羽毛球训练工作。

1973年

1月，中国羽毛球队出访丹麦、英国。访丹麦共赛5次42场，我队胜36场负6场；访英国共赛4次30场，我队胜20场负7场。

4月，在杭州举行全国羽毛球比赛。

8月，中国羽毛球队访问日本，胜44场负12场。

9月，中国羽毛球队访问马来西亚，胜23场负7场。

1974年

5月，中国羽毛球队参加在曼谷举行的国际羽毛球表演赛，以5：2的成绩战胜印度尼西亚队。与此同时，在长沙举行了全国羽毛球比赛（第7届亚运会选拔赛）。

5月31日，在伊朗德黑兰召开的亚羽联代表大会特别会议上，决定接纳中华人民共和国羽毛球协会为亚洲球联正式成员。

7月，在昆明举行全国首届青少年比赛。以后每年举行1次（韩爱萍代表湖北队参赛）。

9月，中国羽毛球队参加第7届亚运会，获得5枚金牌（男子团体，女子团体，男子单打侯加昌，女子单打陈玉娘，女子双打梁秋实、郑惠明）、3枚银牌（男子单打方凯祥，女子单打梁秋实，女子双打丘玉芳、林有雅）、2枚铜牌（男子双打汤仙虎、陈天祥，混合双打汤仙虎、陈玉娘）。

1975年

6月，全国青少年羽毛球比赛。全国24个单位296名运动员参加比赛。男子单打冠军福建林诗铨，男子双打冠军福建栾劲、林江利，女子单打冠军上海刘霞，女子双打冠军上海刘霞、张爱玲。

9月，在北京举行第3届全运会羽毛球比赛。男子团体前三名为：福建队、江苏队、广东队；女子团体前三名为：湖北队、福建队、湖南队。

1976年

3月，中国羽毛球队参加在曼谷举行的第1届亚洲羽毛球邀请赛，获女子单打（梁秋实）一项冠军。

10月，中国队参加在印度海得拉巴举行的第4届亚洲羽毛球锦标赛，获得男子单打冠军（侯加昌）、女子单打冠军（梁秋实）、女子双打冠军（刘霞、张爱玲）、少年单打冠军（李汀英）、少年双打冠军（韩爱萍、李汀英）、混双冠军（方凯祥、何翠玲）6项冠军。

1977年

2月，中国羽毛球队参加在曼谷举行的第1届亚洲羽毛球锦标赛，获得男子单打、女子单打、女子双打3项冠军。

3月在北京举办亚洲羽毛球教练员训练班。

11月，全国羽毛球比赛，韩爱萍获女子单打亚军。

1978年

2月25日，世界羽毛球联合会成立。

4月1日，国家体委公布《中华人民共和国裁判员条例（草案）》。

4月15日至25日，在北京举行第3届亚洲羽毛球邀请赛，中国队夺得男子单打、女子单打、男子双打3项冠军。

6月16日至22日，第2届全国羽毛球训练工作会议在秦皇岛召开。进一步明确了我国羽毛球运动“快字当头，进攻点多，封网积极，杀劈凶狠，防守刁稳，以攻为主，能攻善守，达到快狠准活全面结合，正确运用”的发展方向。

11月4日至7日，世界羽联主办的第1届世界羽毛球锦标赛在曼谷举行，中国队获得男子单打（庾耀东）、女子单打（张爱玲）、男子双打（侯加昌、庾耀东）、女子双打（张爱玲、李方）4枚金牌。

12月，中国队参加在曼谷举行的第8届亚运会羽毛球比赛，获得女子团体、女子单打（刘霞）、混合双打（汤仙虎、张爱玲）3枚金牌。

1979年

6月10日至20日，世界羽联主办的第1届世界杯赛暨第2届世界羽毛球锦标赛在我国杭州举行。中国队在世界杯赛中获得男团、女团冠军；在世界锦标赛中获得男子单打（韩健）、女子单打（韩爱萍）、男子双打（孙志安、姚喜明）3枚金牌。

6月12日，国家体委公布试行《教练员等级制度（草案）》。

9月12日至30日，在北京举行第4届全运会羽毛球比赛。男子团体前三名为：福建队、广东队、江苏队；女子团体前三名为：上海队、辽宁队、解放军。

1980年

2月22日至23日，中国羽毛球队与印度尼西亚羽毛球队在新加坡进行对抗赛。比赛结果：中国男队以5：4胜；中国女队以1：3负。

1981年

年初，台湾将中华羽毛球协会改名为中国台北羽毛球协会，并加入国际羽联。

5月26日，于日本东京举行国际羽联与世界羽联宣告联合会。

7月25日至8月2日，于美国圣克拉拉举行了第1届世界运动会。中国羽毛球队夺得男子单打（陈昌杰）、女子单打（张爱玲）、男子双打（孙志安、姚喜明）和女子双打（张爱玲、刘霞）4枚金牌。

9月，英国第三届国际羽毛球精英大奖赛，男子单打冠军栾劲，女子单打冠军张爱玲，女子双打冠军刘霞、张爱玲。

11月6日，国家体委正式颁发《裁判员技术等级制度》。

11月16日，国家体委正式颁发《运动员技术等级标准》。

1982年

5月10日至21日，第12届汤姆斯杯赛于英国伦敦举行。中国羽毛球队最后在决赛中以5：4的战绩击败印度尼西亚队夺得冠军。

5月，中国青年羽毛球队成立。

1983年

国际羽联决定将始于1980年的台北国际羽毛球名人赛，列为国际羽联支持的每年举行1次的巡回系列大奖赛的第1站。

1月，日本尤尼克斯羽毛球公开赛，男子单打冠军韩健，女子单打冠军韩爱萍。

5月2日至8日，于丹麦哥本哈根举行第3届世界羽毛球锦标赛。中国队获得女子单打（李玲蔚）和女子双打（林瑛、吴迪西）2枚金牌。

10月，在上海举行第5届全运会羽毛球比赛。男子团体前三名为：辽宁队、江苏队、福建队；女子团体前三名为：广东队、浙江队、福建队。

1984年

5月7日至18日，于马来西亚吉隆坡举行第13届汤姆斯杯赛暨第10届尤伯杯赛。中国男队获得亚军，中国女队获得冠军。

9月，中国台北羽毛球协会主办的《中华羽球》杂志创刊。

10月，荷兰羽毛球精英赛，男子单打冠军韩健，女子单打冠军韩爱萍，女子双打冠军吴迪西、林瑛。

10月，斯堪的纳维亚羽毛球精英大奖赛，男子双打冠军张强、周金灿，女子单打冠军韩爱萍，女子双打冠军吴迪西、林瑛。

12月31日，国家体委颁发重新修订的《运动员技术等级标准》。

1985年

1月，中国香港羽毛球公开赛，男子单打冠军杨阳，女子单打冠军韩爱萍，女子双打冠军韩爱萍、徐蓉。

3月，瑞典羽毛球公开赛，男子单打冠军韩健，男子双打冠军李永波、丁其庆，女子单打冠军韩爱萍，女子双打冠军韩爱萍、李玲蔚。

6月10日至16日，于加拿大卡尔加里举行的第四届世界羽毛球锦标赛。中国队获得男子单打（韩健）、女子单打（韩爱萍）、女子双打（韩爱萍、李玲蔚）3枚金牌。

7月，印度尼西亚羽毛球公开赛，男子单打冠军韩健，女子单打冠军李玲蔚，女子双打冠军韩爱萍、李玲蔚。

1986年

4月22日至5月4日于印度尼西亚雅加达举行第14届汤姆斯杯赛暨第11届尤伯杯赛。中国男、女队双双夺得冠军。

5月，“登喜路”中国香港羽毛球公开赛，男子单打冠军杨阳（击败弗罗斯特），女子单打冠军李玲蔚，女子双打冠军韩爱萍、李玲蔚。

5月，“登喜路”中国羽毛球公开赛，男子双打冠军李永波、田秉毅，女子单打冠军韩爱萍。

5月22日至25日，第3届全国羽毛球训练工作会议于福州召开。

9月，第10届亚洲运动会在韩国首都汉城（今首尔）举行，羽毛球项目女团冠军：中国。男单冠军：赵剑华。女单冠军：韩爱萍。女双冠军：关渭贞、林瑛。

10月，在昆明召开全国羽毛球业余训练工作会议。

11月，于广东广州举行第6届全运会，羽毛球比赛在韶关举行，男子团体前三名为：江苏队、福建队；女子团体前三名为：福建队、广东队、江苏队。

1987年

5月18日至24日，第5届世界羽毛球锦标赛在中国北京举行。中国选手创造了世界锦标赛史上的奇迹：夺得了全部5个项目的冠军。男子单打决赛中国的杨阳击败了丹麦球王弗罗斯特。男子双打决赛李永波、田秉毅击败马来西亚的西迪克兄弟夺冠。中国选手韩爱萍击败队友李玲蔚成功卫冕。关渭贞、林瑛，王朋仁、史方静分获女双，混双冠军。

第6届全运会羽毛球比赛，女子双打冠军韩爱萍、李玲蔚。

9月，马来西亚，第7届世界杯羽毛球赛，男子单打冠军赵剑华，女子单打冠军李玲蔚，女子双打冠军韩爱萍、李玲蔚，混双冠军王朋仁、史方静。

1988年

1月，日本尤尼克斯羽毛球公开赛，女子单打冠军韩爱萍，男子双打冠军李永波、田秉毅。

3月，联邦德国羽毛球公开赛，女子单打冠军韩爱萍，女子双打冠军劳玉晶、郑昱鲤。

5月，第12届尤伯杯女子羽毛球团体赛，在马来西亚吉隆坡举行，中国女队获得冠军。

8月，泰国，第8届世界杯羽毛球比赛，男子单打冠军杨阳，女子单打冠军韩爱萍，男子双打冠军李永波、田秉毅，女子双打冠军林瑛、关渭贞，混合双打冠军王朋仁、史方静。

9月，羽毛球进入奥运会的表演赛项目。田秉毅与李永波获得男双冠军，韩爱萍获得银牌。

12月，国际羽联羽毛球大奖赛决赛，男子单打冠军张青武，女子单打冠军韩爱萍，女子双打冠军关渭贞、林瑛，混合双打冠军王朋仁、史方静。

1989年

2月，新加坡，柯尼卡杯羽毛球比赛，男子单打冠军赵剑华，女子单打冠军韩爱萍，女子双打冠军林瑛、关渭贞。

5月，第6届世界羽毛球锦标赛在印度尼西亚首都雅加达举行。中国选手获得了除混双外4项冠军。杨阳在男单比赛中以2：1击败东道主选手阿迪成功卫冕，李玲蔚战胜队友黄华夺得冠军。李永波、田秉毅，林瑛、关渭贞在男女双打比赛中卫冕成功。

9月，中国香港羽毛球公开赛，男子单打冠军吴文凯，女子单打冠军韩爱萍，女子双打冠军林瑛、关渭贞。

11月，广州，第9届世界杯羽毛球赛，男子单打冠军杨阳，女子单打亚军韩爱萍，女子双打冠军关渭贞、林瑛。

12月，新加坡，国际羽联羽毛球大奖赛决赛，男子单打冠军熊国宝，女子单打冠军唐九红，亚军韩爱萍，男子双打亚军李永波、田秉毅。

附录二　韩爱萍获13次世界冠军

1979年世界羽联举办的第1届羽毛球世界杯赛暨第2届世界羽毛球锦标赛团体、女子单打冠军

1983年第3届世界杯羽毛球赛女子单打、双打冠军

1984年第10届尤伯杯冠军（团体）

1985年第4届世界羽毛球锦标赛女子单打、双打冠军

1986年第11届尤伯杯（团体）、第6届世界杯羽毛球赛女子双打冠军

1987年第5届世界羽毛球锦标赛女子单打冠军 、第7届世界杯羽毛球赛女子双打冠军

1988年第12届尤伯杯冠军（团体）、第8届世界杯羽毛球赛女子单打冠军

附录三　韩爱萍所获荣誉

1979—1989年　7次获得“国家体育运动荣誉奖章”

1979、1987年　2次获团中央授予“全国新长征突击手”称号

1983—1989年　7次当选湖北省最佳运动员

1984年　全国妇联授予“全国三八红旗手”称号

1984年　湖北省政府记“特等功”一次

1985年　国际羽联称为“韩爱萍年”

1985年　评选为亚洲十佳运动员

1985年　获选全英国羽毛球俱乐部终身会员

1986年　获中华全国总工会授予“全国五一劳动奖章”

1986年　获湖北省委、湖北省政府“劳动模范称号”

1986年　团省委授予“新长征突击手标兵”称号

1988年　入选共青团湖北省委省直机关“改革十年青年人才成果展览”

1989年　当选中华人民共和国成立以来杰出运动员

1989年　当选首届中国羽毛球最佳运动员

1997年　获得第3届澳大利亚华人成功人士奖

1998年　入选国际羽毛球联合会名人堂

1999年　评选为中华人民共和国成立50年湖北省双十佳运动员

1999年　评选为中华人民共和国成立50年武汉十大新闻人物

2005年　获湖北省政府授予在第十届运动会上成绩突出贡献奖

2006年　获湖北省第33期省直机关处级干部培训班优秀学员干部

2009年　获致公党湖北省参政议政先进个人

2010年　获致公党中央海外联谊会先进个人

2010年　获湖北省国民体质监测先进个人

2010年　获湖北省归侨侨眷先进个人

2012年　获湖北省社会体育指导员先进个人

2012年　获湖北省优秀政协委员

2013年　获全国群众体育先进个人（2009—2012年）

附录四　韩爱萍教练员经历

1988年8月—1990年2月　中国国家女子羽毛球队运动员兼教练

1990年3月—1994年6月　分别在日本WACOM公司羽毛球俱乐部、三得利公司羽毛球俱乐部任主教练

1995年7月—2002年11月　分别在澳大利亚墨尔本山区羽毛球协会、爱萍羽毛球学校、墨尔本大学羽毛球俱乐部、莫纳什大学羽毛球俱乐部任总教练

2001年5月—2003年7月　国际羽毛球联合会训练学院高级教练员

2002年11月—2006年8月　湖北省羽毛球队教研组组长、女队主教练

附录五　韩爱萍政治经历

第六、七届全国人大代表（1983年、1988年）
第九、十届湖北省政协委员（2003年、2008年）
第九届湖北省侨联副主席（2010—2015年）
致公党湖北省常委委员（2007—2017年）
第十二届全国政协委员（2013—2017年）